Director de la obra:
José Alcina Franch
(Universidad Complutense
de Madrid)

Coordinadora de documentación:
Consuelo Naranjo Orovio
(C.S.I.C.)

Diseño:
Pedro Arjona González

Maqueta:
Carmen Arjona Barbero

© **Ediciones Akal**, **S.A.** 1991
Los Berrocales del Jarama
Apdo. 400 - Torrejón de Ardoz
Madrid - España
Tels. 656 56 11 - 656 49 11
Depósito legal: M. 37.654-1991
ISBN: 84-7600-748-5 (Obra completa)
ISBN: 84-7600-749-3 (Tomo IV)
Impreso en GREFOL, S.A.
Pol. II - La Fuensanta
Móstoles (Madrid)
Printed in Spain

GEOGRAFIA °IV

EL ESPACIO GEOGRÁFICO

DE LA AMÉRICA ANDINA

Mercedes Molina y Elena Chicharro

El Espacio Geográfico de la América Andina pretende acercar al público el convencimiento de este espacio a través de dos componentes esenciales, su territorio y su sociedad. El primero, mediante el análisis de sus diferentes regiones naturales derivadas de una evolución geomorfológica peculiar, de un clima contrastado y de un contexto biogeográfico e hidrográfico claramente diversificado a pesar de tener un elemento vertebrador, la cordillera de los Andes. El segundo se relaciona con el propio comportamiento demográfico y su expresión en la humanización del medio natural a través de un sistema de asentamientos.

Mercedes Molina Ibáñez (Soria) es catedrática de Geografía Humana de la Universidad Complutense de Madrid. Anteriormente fue profesora Adjunta en la Universidad de Zaragoza y agregada y catedrática en las Universidades de Valladolid (1983) y Alcalá de Henares (1985). Cuenta con numerosos trabajos de investigación referentes al subsector energético, al problema de los desequilibrios socioeconómicos, sobre todo en el ámbito espacial de las Comunidades Europeas, a cuestiones demográficas y a temas teóricos de la Geografía en general. Ha dirigido diferentes estudios de ordenación territorial y energéticos, realizados por encargo de la Administración o la empresa privada.

Elena Chicharro Fernández (Murias, Lugo) es Profesora Titular de Geografía Humana de la Universidad de Alcalá de Henares. Ha participado en varios proyectos de investigación llevados a cabo por UNESCO, Comunidad de Castilla-La Mancha, IGN y CSIC, colaborando en varios libros colectivos: *Fuentes de energía y materias primas; Unidades didácticas de Geografía; Geografía de España* y *Geografía y Guía Salvat.*

ÍNDICE

INTRODUCCIÓN

La América andina está integrada por un conjunto de países situados al Sur del espacio iberoamericano, cuya unidad viene definida por un medio natural en cierto modo homogéneo, la Cordillera de los Andes, si bien no está exento de contrastes internos. En efecto, han protagonizado una misma evolución geomorfológica, acusan unos rasgos climáticos y biogeográficos un tanto comunes, condicionados por la altitud y la latitud preferentemente, cuentan con unos recursos naturales significativos en función de su propia Historia Geológica, asimismo deben soportar limitaciones similares y lo que es más importante, participan de unos modos de vida bastante semejantes, muy ligados al proceso de humanización del altiplano. De hecho se podría decir que han hecho su proceso histórico en estrecha relación con los Andes, que han determinado una cultura propia y muy diferente a la del resto de Iberoamérica. Ahora bien esa Historia acusa diferencias sustanciales, ya que si en época precolombina se asentaron civilizaciones avanzadas, caso de los chibchas en el altiplano de Cundinamarca y Boyacá o la de los incas en el del Collao y valle de Urumbamba, si durante la colonización española ubicaron en su medio dos importantes virreinatos el del Santa Fe y el del Perú, el primero en los Andes del Norte. y el segundo en los Andes centrales, el momento presente no se caracteriza precisamente por su esplendor. En efecto por muchos rasgos, se podría decir que la América Andina actual acusa un importante subdesarrollo, fruto de una escasa evolución socioeconómica, dominada por la persistencia de estructuras tradicionales y por lo general desarticuladas y desequilibradas, que han determinado un tipo de sociedad contrastada, siendo muy importante la población marginada; que registra en general un fuerte crecimiento de sus efectivos debido a una alta natalidad, que se define por su juventud, por su escasa preparación, siendo muy alta la población analfabeta. Su economía se caracteriza por proporcionar bajas rentas, por soportar todavía un porcentaje muy elevado de población activa agraria y por presentar los signos determinantes de un carácter dependiente del mundo desarrollado con el que le une una fuerte deuda monetaria. Una población creciente con una economía muy poco dinámica constituyen los rasgos básicos de unas condiciones de existencia poco favorables para sus habitantes, si bien se pueden apreciar importantes contrastes entre los medios urbanos y rurales y dentro de ellos entre sus diferentes clases sociales, existiendo una élite minoritaria que acapara la mayor parte de la renta generada.

Tradicionalmente se ha considerado como América Andina un conjunto de seis países, es decir: Bolivia, Colombia, Chile, Ecuador, Perú y Venezuela, sin embargo en este estudio geográfico y por razones de estructura de la obra, se excluye Chile, que queda integrado en el conjunto de la América Austral. Así, los cinco países restantes ocupan una extensión de 4.721.155 Km^2., un 26,5% del territorio correspondiente a la América meridional y contaban en el año 1988 con una población estimada en 87,8 millones de habitantes. A pesar de estos importantes efectivos demográficos, su densidad no es muy elevada 18,5 habitantes/km^2., propia de estos medios, si bien se apreciarán importantes contrastes en el reparto de su población en relación con sus diferentes territorios.

Bolivia tiene una extensión de 1.098.581 Km^2. su población en 1988 era de 6,9 millones de habitantes y su densidad de tan sólo 6,2 h./Km^2. Tradicionalmente ha vivido un importante aislamiento y se puede considerar como un país típicamente andino. Su naturaleza encierra importantes recursos, que por sí mismos no han contribuido a su transformación económica, caso del estaño en Oruro y Potosí; antiguamente fueron importantes las explotaciones de plata en Potosí y otros minerales significativos son el bismuto, el plomo, tungsteno, antimonio y en menor grado el hierro.

Colombia participa, aparte del medio andino, de dos dominios marinos que han sido artífices de unos contrastes importantes: el pacífico y el caribeño. Su superficie es de 1.141.748 Km^2 y su población de 30,6 millones de habitantes, con una densidad de 26,8 h./Km^2. También encierra importantes recursos naturales tales como oro y plata (Antioquia), platino, esmeraldas (Mazo y Coscuez), sales, carbón, hierro, petróleo (valle del Magdalena) y fosfatos.

Ecuador, otro país típicamente andino, es el más pequeño de los considerados, tan sólo abarca 283.561 Km^2., su población es de 10,2 millones de habitantes y su densidad de 36,0 h./Km^2. Sus principales recursos se limitan al petróleo, siendo Santa Elena su principal foco productor.

Perú, país andino, es el mayor de todos ellos, con 1.285.215 Km^2., y una población de 21,3 millones, lo cual arroja una densidad de 16,6 h./Km^2. Cuenta con petróleo en el Norte, cobre, hierro, plata, mercurio, estaño y tungsteno.

Venezuela, país andino y caribeño, es el cuarto en el orden por extensión, 912.050 Km^2., su población alcanza los 18,8 millones de habitantes y su densidad es de 20,6 h./Km^2. Sus recursos son importantes en petróleo (Maracaibo, Falcón, Varinas y Maurín) o hierro y menores en oro, diamantes y fosfatos.

Esta pincelada inicial de presentación de los estados nos sitúa ante un basto conjunto, definido por una población significativa que encierra importantes recursos, si bien su simple presencia no ha sido suficiente para alcanzar un desarrollo aceptable. Ello demuestra que son factores mucho más complejos los que determinan la evolución de los pueblos en relación con la moderna economía y los niveles de vida actuales. El medio natural no ha sido por sí mismo desencadenante de un desarrollo socioeconómico.

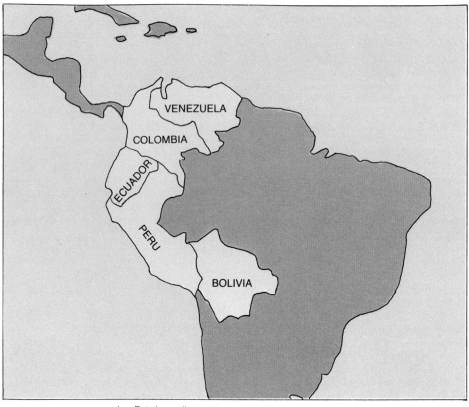

Los Estados andinos

EL MARCO NATURAL DE LOS PAÍSES ANDINOS

La personalidad del medio natural de los países considerados, está muy unida a la Cordillera de los Andes, ya que la mayor parte del territorio aparece ocupado por este accidente topográfico; tan sólo unas escasas zonas, ubicadas en el interior, forman parte de las grandes llanuras del centro de la América meridional. Los Andes son por consiguiente protagonistas del relieve pero también lo son en relación con las diferenciaciones hidrográficas, climáticas y biogeográficas que se detectan, en ocasiones como elemento decisivo y prioritario, en otras como corrector, puesto que la latitud mediatiza también sus diferentes regiones naturales. Con objeto de comprender mejor esa naturaleza, a veces, agresiva, otras beneficiosa, vamos a analizar sus componentes más significativos, con objeto de aproximarnos en cierta medida al conocimiento de este espacio.

El relieve y su incidencia en la diferenciación del espacio

El territorio ocupado por Venezuela, Colombia, Ecuador, Perú y Bolivia, se puede articular en tres grandes unidades geomorfológicas, cada una de las cuales va a tener una personalidad propia: los Andes, las tierras del interior y la costa. Por las consideraciones anteriores la primera es la que tiene mayor trascedencia, quedando las otras dos en un lugar más subordinado, sobre todo porque aparte de constituir un accidente topográfico de gran envergadura, curiosamente es la que presenta una mayor humanización del espacio, con raíces históricas muy profundas, cosa que por lo general, apenas se detecta en las tierras llanas del interior, tradicionalmente afectadas por frecuentes inundaciones y por lo general malsanas; por ello no es de extrañar que se conozca por su nombre a este vasto conjunto regional.

Los Andes constituyen una barrera montañosa de dirección meridiana, claro desarrollo N.S., de aproximadamente 5.000 Km. de longitud, y de escasa anchura, ya que sus valores medios se sitúan en unos 300 Km, con una amplitud máxima de 750 Km. y una mínima de 100 Km. Dada su configuración, abarca dominios latitudinales muy contrastados, puesto que tanto se localiza en zonas cálidas, ecuatoriales y tropicales, como en templadas y frías, siendo significativa a este respecto "Tierra de Fuego", ya fuera de nuestro ámbito de estudio. Se ubican en el sector occidental de América del Sur, bordeando el Pacífico y prácticamente configurando su costa, estando en contacto su zona oriental con las grandes llanuras aluviales y las cuencas sedimentarias interiores de América del Sur. Constituye una gran cordillera de considerable altitud, su media se sitúa en 3.500 m., si bien cuenta con puntos que culminan a valores muy superiores. Su máxima elevación se localiza en el cerro del Aconcagua, 6.959 m., en territorio argentino, seguida de otros puntos importantes ubicados en nuestro espacio, caso de Huascarán, 6.768 m. (Perú); Sajama, 6.520 m. en Bolivia y Chimborazo 6.266 m. en Ecuador.

Dado que una parte de esta cordillera se extiende por otros países que exceden nuestro estudio, caso de Argentina y Chile, vamos a analizar su génesis y sus características geológicas principales de forma global y tan sólo en la regionalización de sus unidades, nos centraremos en nuestro ámbito de estudio.

La evolución geológica andina es realmente compleja. Cuenta con importantes áreas constituidas por restos de zócalos precámbricos y paleozoicos, que forman la zona interna de dicha Cordillera. Asimismo se constata una considerable cobertura sedimentaria, configurada durante el secundario y el terciario, formada principalmente por depósitos de carácter geosinclinal. Todo ello ha originado una litología muy heterogénea cuya respuesta a los empujes orogénicos y a los sistemas de erosión ha sido muy diferente, dando lugar a estructuras y formas de relieve variados. Esta complejidad se acentúa como consecuencia de los procesos de granitización detectados y del vulcanismo acaecido hasta épocas recientes. Por consiguiente sobre un roquedo muy variado han actuado movimientos orogénicos trascendentales cuyo desarrollo fundamental se aprecia en la era terciaria y más concretamente en el mioceno-plioceno. En efecto el gran paroxismo se produce en el pontiense prolongándose hasta el plioceno, siendo el responsable de la orografía actual. Sus principales consecuencias se traducen en una serie de movimientos verticales fundamentales que dan origen a la formación de fallas y flexiones delimitando importantes dovelas. Sincrónicamente al levantamiento se desarrolla una fase de acumulación de molasas en depresiones, tanto marginales como interiores, y se produce el hundimiento de la bóveda mediana peruanoboliviana, sobre todo al final de la orogenia, que da lugar a la formación de una gran cuenca interior que se corresponde con el altiplano de estos países mencionados, cuya trascendencia en el desarrollo de sus civilizaciones fue grande. Anterior a este paroxismo fundamental se elabora la superficie de erosión más importante que culmina los Andes, es la "puna" de Bowman, que aparece en algunos sectores nivelando precámbrico, paleozoico y mesozoico, sobre todo en la zona central. Según las investigaciones realizadas parece ser una superficie poligénica al menos en algunos sectores (Birot).

Durante toda la era terciaria y en ocasiones paralelamente al gran paroxismo, cobra gran importancia el fenómeno volcánico, tanto fisural como explosivo, que salpica prácticamente toda la cordillera, llegando en algunas ocasiones a dar puntos de considerable altitud.

A lo largo de la era cuaternaria se producen importantes retoques en el relieve resultante de los fenómenos anteriormente comentados. Así, se han detectado ciertos reajustes tectónicos, todavía sigue siendo una zona de inestabilidad, se continuarán las manifestaciones volcánicas, aunque con menor intensidad y los diferentes cambios climáticos originaron gla-ciaciones significativas que dejaron una importante huella en el paisaje; en la actualidad se sigue detectando este fenómeno por encima de los 4.500 m. en los Andes tropicales húmedos. Por último durante el cuaternario tienen lugar distintos efectos de la red hidrográfica que determinan formas de relieve específicas, configuración de valles y depósitos de acumulación. De hecho los Andes constituyen una importante divisoria de aguas entre la cuenca pacífica y la atlántica; la primera formada por pequeños ríos torrenciales de fuerte pendiente y con una gran capacidad erosiva, que han labrado, en su mayoría, valles transversales a la dirección general de la cordillera. La vertiente atlántica, en nuestro espacio de referencia, se entronca principalmente con dos grandes cuencas fluviales, la del Amazonas y la del Orinoco; está formada por ríos de mayor longitud de pendientes diversas a lo largo de su recorrido, puesto que también atraviesan las tierras llanas del interior. Alternan valles longitudinales, caso del Marañón en tierras peruanas o del Cauca y Magdalena en Colombia, con algunos transversales, constituyendo una red mucho más densa que en el caso anterior.

Dentro de este complejo y vasto conjunto montañoso se individualizan una serie de dominios geomorfológicos cuya división toma como referencias dos localizaciones andinas: el Norte del Ecuador y los Andes Centrales, quedando los Andes meridionales desarrollados al Sur del Perú fuera de nuestro contexto de análisis. Al Norte del Ecuador se desarrolla la denominada Cordillera Occidental, la Cordillera Oriental, la Central (Colombia) y las Cordilleras del Caribe. Dentro de los Andes centrales se encuentran los Andes meridionales y los Andes peruanos.

Los Andes al Norte del Ecuador se extienden principalmente por Colombia y Venezuela. Constituyen en líneas generales una zona dominada por la cobertera sedimentaria mesoterciaria y su zona interna está menos representada. En ellos los efectos del vulcanismo han sido menores y su complejidad estructural no es demasiado importante; se asemejan a un tipo pirenaico. Dentro de ellos la Cordillera Occidental, vertiente Pacífica, es fundamentalmente secundario-terciaria y aparece constituida, según Birot, por pliegues de medio radio de curvatura (sinclinales) que individualizan algunas elevaciones poco resistentes. La Cordillera Oriental aparece integrada por zócalo antiguo, uno de los puntos donde mayormente se detecta, junto a cobertera mesoterciaria que ha formado amplios sinclinales. En ella se ubican altas llanuras internas, en algunas de las cuales se emplazan importantes núcleos de población, caso de Bogotá a 2.500 m. Es la zona recorrida por dos importantes ríos que desembocan en el mar del Caribe, Magdalena y Cauca; forman dos valles longitudinales encajados en la montaña, abiertos en la llanura, ya próximos a su desembocadura, donde han originado algunas áreas pantanosas. La Cordillera Central colombiana, que encierra algunos restos precámbricos y paleozoicos, aparece definida por una fuerte granitización primaria prolongada hasta el secundario, muy visible en el bloque de Santa Marta, origen a su vez de una acusada metamorfización. A ello se añade su vulcanismo potente responsable de importantes relieves caso de las mesetas de Paramos que culminan entre los 3.000 y 4.000 m. Asimismo en este conjunto se detectan altas llanuras internas de origen preferentemente fluvioglaciar claramente humanizadas; no en vano los asentamientos de población colombianos son claramente andinos, el llano es un desierto demográfico.

Por último en este primer contexto andino se individualizan las Cordilleras del Caribe, único punto donde los Andes modifican su dirección general. En efecto, aquí aparecen constituidos por dos bandas montañosas de dirección E-W, separadas por un surco central, con algunas rupturas transversales caso del golfo de Paria o la bahía de Unare. En ellas se constatan las dos zonas más representativas de los Andes, la interna y la externa. La primera constituida por un núcleo de rocas fuertemente metamorfizadas a lo largo de todo el secundario que forman relieves vigorosos, sobre todo en torno a la costa, que superan los 2.000 m. La segunda está formada por sedimentos del cretácico y del eoceno, alcanzando un mayor desarrollo hacia el E., hacia el golfo de Paria.

A partir del Ecuador y hasta el Sur de Perú se diferencian los llamados Andes centrales. En su parte ecuatorial se ha podido identificar una gran complejidad de materiales que van desde los que componen los macizos antiguos, graníticos y metamórficos a los sedimentarios de una cobertera cuyos orígenes son preferentemente terciarios. A ello se añade la presencia de múltiples volcanes que salpican la zona y cuya expresión máxima es el Chimborazo, que culmina a los 6.310 m.; dada su altitud es un punto de nieves perpetuas y pequeños glaciares descienden por su ladera labrando importantes valles. Constituye un símbolo dentro de los Andes, no en vano en tiempos de Bolívar era considerado como la torre vigía del Universo. Es de destacar en estos dominios la presencia de una depresión central, a una altitud considerable, entre los 2.000 y los 2.500 m. muy ligada también a erupciones volcánicas.

Los Andes peruanos se articulan en una serie de cadenas longitudinales paralelas de W a E. Así el borde del Pacífico, constituye una importante barrera montañosa que define las características de la costa. Sobre ella se han labrado profundos valles entre los 2.000 y 4.000 m. dada la capacidad erosiva de los ríos que transversalmente la atraviesan. La Cordillera occidental se resuelve en una serie de cadenas paralelas plegadas que superan los 5.000 m. de altitud, precisamente en su parte más septentrional se encuentra uno de sus puntos culminantes, el Huascarán (6.768 m.). En sus elevadas cumbres se localizan importantes glaciares activos. Se pone en contacto con las mesetas de la Puna (4.000-4.300 m.), gran superficie de erosión andina, dominada por algunos macizos montañosos, tal como la Cordillera Blanca, intrusión granítica terciaria.

Al Sur del Perú continúa el desarrollo de los Andes, ya en ámbitos que exceden nuestro estudio, caso de Chile y Argentina. En ellos se detectan unas características similares a las analizadas con ciertos particularismos locales que serán estudiados en su espacio correspondiente.

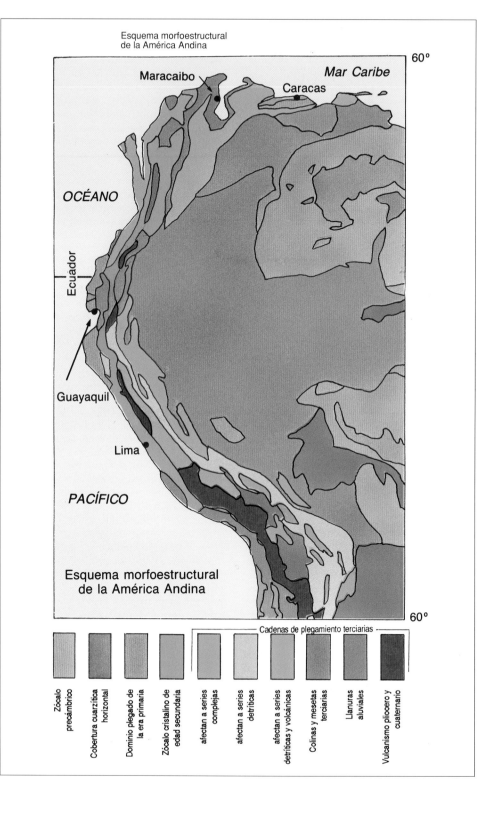

Esquema morfoestructural
de la América Andina

Maracaibo

Caracas

Mar Caribe

60°

OCÉANO

Ecuador

Guayaquil

Lima

PACÍFICO

Esquema morfoestructural
de la América Andina

60°

Cadenas de plegamiento terciarias

Zócalo
precámbrico

Cobertura cuarzítica
horizontal

Dominio plegado de
la era primaria

Zócalo cristalino de
edad secundaria

afectan a series
complejas

afectan a series
detríticas

afectan a series
detríticas y volcánicas

Colinas y mesetas
terciarias

Llanuras
aluviales

Vulcanismo plioceno y
cuaternario

Relieve de los Andes centrales en el Sur del Perú.

Las tierras interiores forman la segunda la segunda gran unidad geomorfológica de estos países andinos. Se sitúan entre la Cordillera de los Andes al W. y los zócalos guyano-brasileño, al E., alcanzando un cierto desarrollo en el Sur de Venezuela, E. de Colombia, NE de Perú y NNE de Bolivia. En líneas generales coinciden con extensas zonas llanas, colmatadas por aluviones recientes que fosilizan rocas de edades muy heterogéneas que van del precámbrico al terciario. Han sido tradicionalmente las tierras rechazadas por el hombre, ya que al estar surcadas por una densa red hidrográfica de lechos poco encajados y muy divagantes, su encharcamiento es una de sus constantes, lo cual origina unas condiciones malsanas, foco de importantes enfermedades endémicas. Hoy son las tierras de colonización en virtud de intensos planes de desecación en algunos puntos y constituyen la reserva futura de nuevos asentamientos; pese a ello todavía son un desierto demográfico.

En el N. y en el ámbito venezolano se sitúa una parte de la Guayana, limitada por el curso del río Orinoco; más al Sur aparece la región de Los Llanos compartida entre Colombia y Venezuela también vinculada al mismo sistema fluvial. A partir de la Mesa de Yambi se da paso a las tierras llanas del sistema del Amazonas; forman el conjunto de la llamada Selva Alta.

La costa cierra el conjunto de unidades de este espacio. Realmente su configuración está estrechamente ligada con la cadena de los Andes de tal forma que domina una costa alta, rectilínea en su mayor parte, con escasos accidentes y con pequeñas planicies fluviomarinas, de doble origen tectónico-eustático, y aluvial. Se articula en dos grandes conjuntos, caribeño y pacífico; el primero es quizás más herogéneo destacando algunas singularidades, caso del golfo de Paria o el de Venezuela que da paso al gran lago de Maracaibo. La costa pacífica es más rectilínea ya que tan sólo en toda su extensión aparecen dos formaciones destacadas, la bahía de Buenaventura y el golfo de Guayaquil, ubicados en Colombia y Ecuador, respectivamente. También los

Andes han condicionado su formación, lo cual añade un dato más al protagonismo de esta Cordillera, en la configuración de un medio natural, en el cual su clima y vegetación también tendrán su impronta.

La diversidad bioclimática y biogeográfica de la América Andina.

El espacio andino presenta una gran diversidad bioclimática y como consecuencia de ella un enorme abanico de medios biogeográficos. La variedad es tan acusada que resulta dificultoso realizar una síntesis general que recoja todas las variantes que ofrecen los países que nos ocupan. Este hecho está relacionado con diversos factores de orden geográfico, que ejercen una influencia diferente en cada espacio. Entre ellos podemos considerar la *situación latitudinal* de la región que estudiamos, la mayor parte incluida dentro de la zona intertropical, y por ende sujeta a los factores de dinámica atmosférica propios de ella que serán analizadas posteriormente. Al mismo tiempo presenta unos factores específicos que modifican las características de la climatología zonal producto de su situación en latitud, entre los que se cuentan la *disposición de la cadena andina*, que sigue un sentido claramente meridiano en todos los países, excepto en Venezuela.

Supone un obstáculo a las penetraciones de los flujos tanto del Pacífico como del Atlántico, modificando la influencia de ambos y creando microclimas en ámbitos *con efecto de barrera,* dando lugar en unos espacios a anomalías positivas de precipitaciones y negativas en otros. Además del efecto geográfico de barrera, *los Andes,* cadena de gran altura, introduce modificaciones muy significativas en la distribución de las temperaturas, pasando de temperaturas elevadas en la base de la montaña a temperaturas cada vez más frías cuanto más ascendemos por ella. Se produce así una sucesión de pisos bioclimáticos diferentes, según la altitud y caracteres de la cadena andina en sus diversos sectores.

Otro factor decisivo para explicar la diversidad es la incidencia de la *corriente fría de Humboldt,* que recorre la costa pacífica de países como Perú y el Sur de Ecuador, y que juega un papel muy importante para explicar las escasas precipitaciones y por tanto la existencia del medio desértico de la costa peruano-ecuatoriana.

Teniendo en cuenta todos estos factores vamos a considerar en la América Andina cuatro grandes conjuntos o dominios bioclimáticos y biogeográficos. El dominio de clima tropical lluvioso con vegetación de bosque denso o umbrófilo; el de clima tropical con estación seca poblado de bosque denso y sabanas; el dominio de los climas áridos (esteparios y desérticos) con formaciones xerófilas y desérticas; finalmente el complejo dominio de climas de montaña, con sus diversas variaciones climáticas y su sucesión altitudinal de formaciones vegetales.

Dominio de clima tropical lluvioso y bosque denso.

La mayor parte de la fachada colombo-ecuatoriana del océano Pacífico, el ámbito septentrional de la alta cuenca amazónica en el Sur de Venezuela, Colombia, el Sur del Lago Maracaibo y delta del Orinoco, y una franja que alcanza el extremo septentrional de Bolivia, presentan características climáticas semejantes, vinculadas a las condiciones creadas por las bajas presiones de la convergencia intertropical (CIT), que se sitúan en estas regiones durante todo el año, de tal forma que se ven afectadas por una masa de aire húmedo, inestable y cálido que da lugar a precipitaciones totales anuales muy elevadas, superando siempre los 2.000 mm., llegando a recogerse en algunas áreas de la fachada marítima más de 10.000 mm. anuales. En definitiva son regiones de humedad constante, puesto que se recogen fuertes precipitaciones y, además, éstas se distribuyen regularmente a lo largo del año.

Las temperaturas medias son elevadas como respuesta a su situación en el mundo intertropical, que recibe mayor insolación y donde el calentamiento es elevado. A menudo se sobrepasan los 25º C de temperatura media anual, con escasas oscilaciones térmicas entre las temperaturas máximas y mínimas a lo largo del año; así pues las temperaturas son constantemente altas no existiendo estaciones marcadas, ni grandes diferencias entre unos meses y otros, por el contrario son considerables las oscilaciones de temperatura entre el día y la noche.

A estas condiciones climáticas se adaptan las formaciones vegetales de bosque higrófilo, conocido por una gran cantidad de nombres (pluvisilva, bosque denso, selva umbrófila, etc). Se trata de un bosque denso que crece continuamente y no tiene período de reposo, presentando hojas durante todo el año. Es de una gran riqueza florística, en él se pueden encontrar como promedio más. de 40 especies diferentes por ha. Esta formación aparece estratificada, diferenciándose varios pisos de árboles en relación a su altitud. El piso superior constituido por árboles de 30 a 35 m. de corona ancha; entre ellos destacan algunos que alcanzan hasta 60 m. Bajo este estrato aparece el 2º con árboles entre 8 y 30 m. situados en los espacios que dejan los árboles del estrato superior, sus coronas suelen tener forma de *"huso"* para aprovechar la luz. Los árboles que se sitúan en el estrato inferior no sobrepasan los 8 metros. Salvo para los árboles del estrato superior, el medio forestal es un medio oscuro donde la luz penetra mal; de ahí la escasez de especies en el sotobosque, de forma que el suelo aparece con frecuencia desnudo. Este bosque presenta formas vegetales asociadas muy características; como las lianas, que se entrelazan entre los árboles y las epifitas (orquídeas), ambas viven fijadas sobre otras plantas sin desarrollarse en el suelo, y dan un aspecto característico al bosque higrófilo.

Este bosque se asocia a suelos ferralíticos, adaptados a las condiciones climáticas y de la vegetación que soportan, son muy evolucionados formados en un largo período; no obstante resultan bastante mediocres en minerales, debido a la intensidad del lavado de elementos a que son sometidos, especialmente de las bases. Por esta razón si se degrada el bosque denso, el suelo es muy inestable y comienza su empobrecimiento, al no contar con los aportes continuos de los elementos fertilizantes que proceden de la descomposición de la vegetación. Por tanto la degradación del bosque denso puede comprometer la estabilidad del suelo, que se convierte en irrecuperable y no permite la futura instalación del bosque tropical.

En la cuenca del Orinoco podemos encontrar formas de bosque degradadas desde el "bosque primario", que todavía presenta intactos todos los estratos arbóreos, pasando por el "bosque secundario", cuyos estratos inferiores están más desarrollados, a los "bosques degradados", hasta llegar a "formaciones abiertas" en lugares en que debiera existir aún el bosque denso, fruto de la forestación para la actividad agrícola o petrolífera.

En las regiones donde la humedad es extrema, en las que se reciben más de 10.000 mm. anuales de precipitación y se dan al mismo tiempo condiciones pantanosas y por tanto el nivel del agua del suelo está temporal o continuamente próximo a la superficie (dominios costeros y fluviomarinos), el bosque umbrófilo es sustituido por otra formación: *los manglares*; vegetación leñosa y perennifolia que aparece ligada a los mares cálidos, de ahí que desaparezca allí donde llega la influencia de las corrientes frías. Su característica fundamental es la homogeneidad, en contraposición al bosque umbrófilo, puesto que solamente cuenta con contadas especies, la mayoría pertenecientes a los géneros Rhizophora y Avicennia. Esta formación hidro-halófila se presenta con una serie de bandas paralelas al litoral, cuyas especies se van adaptando paulatinamente a la inmersión, a la salinidad y al movimiento de las aguas. Se localiza preferentemente a lo largo de la costa inundada del Pacífico, en el Norte de Ecuador, para volver a reaparecer en el Caribe.

Dominio de clima tropical con estación seca y vegetación de bosque claro-sabana.

Este dominio bioclimático y biogeográfico se extiende por la planicie atlántica colombiana, los llanos interiores de Colombia y Venezuela, la costa norte de

La vegetación de la
América Andina.

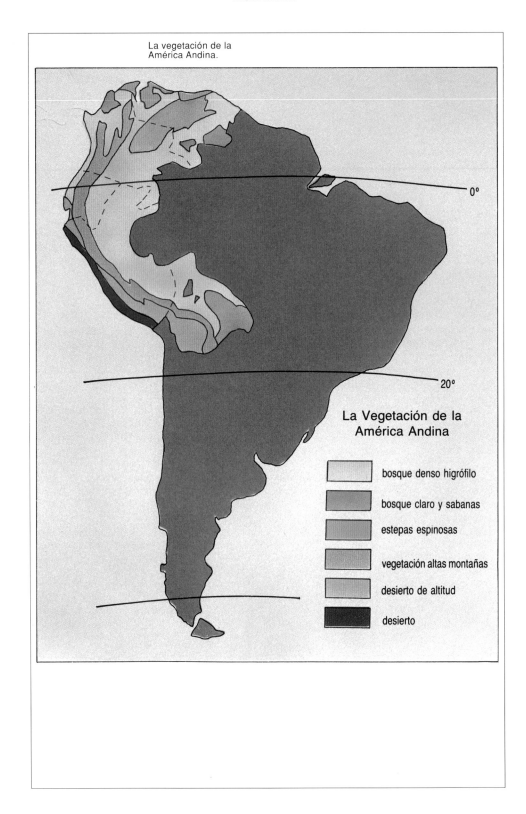

La Vegetación de la
América Andina

- bosque denso higrófilo
- bosque claro y sabanas
- estepas espinosas
- vegetación altas montañas
- desierto de altitud
- desierto

Bosque tropical y
vegetación de ribera en
el río Esmeraldas.

Vegetación natural y
ocupación humana en
la desembocadura del
río Atacames.

Ecuador y los llanos bolivianos. En definitivo se centra en una zona que bordea por el N. y el SW, el ámbito del clima lluvioso. Se caracteriza por tener una estación seca cada vez más definida; presenta pues una estación cálida y seca en la que predomina al alisio seco, procedente de la masa de aire seco, cálido y estable de las altas presiones subtropicales, alternando con una estación cálida y húmeda, vinculada a las condiciones que se crean por la influencia de la convergencia intertropical.

Es un medio que recibe aproximadamente 1.800 mm. de precipitación total anual, aunque en algunos sectores menos favorecidos ésta puede descender a los 1.000 mm. anuales (sectores de los llanos bolivianos); mientras que en otros pueden ser rebasados estos valores (llanos interiores venezolanos). En él encontramos una gran variedad de vegetación. En las márgenes más húmedas de los ríos aún existe la formación de bosque denso o higrófilo, propia del espacio tropical lluvioso, que se mantiene a tenor de las condiciones de hiperhumedad creadas en estos ámbitos fluviales.

Sus formaciones más comunes son el bosque tropical mixto y todas las formas de sabana. Las diferencias entre el *bosque mixto* y el higrófilo son claras, porque la existencia de la estación seca determina la aparición en aquél de algunos árboles caducifolios. Según la duración de la estación seca perderán la hoja mayor o menor número de árboles; en primer lugar los árboles mayores y de forma irregular donde la estación seca es pequeña, para hacerlo todos regularmente cada año, donde la estación es larga y marcada. *El bosque mixto* suele presentar dos pisos, siendo el estrato superior caducifolio y el inferior perenne y con mayor profusión de sotobosque que el bosque higrófilo.

Asimismo aparecen formas complejas y muy diversas de sabanas, cuyo paisaje vegetal se caracteriza por varias especies herbáceas y arbóreas en diversas proporciones. En general son formaciones vegetales propias de la zona intertropical que sirven de transición entre los bosques densos y los desiertos. Existe toda una tipología entre la sabana herbácea y la arbórea. En las márgenes del Orinoco (los llanos venezolanos) predomina la *sabana herbácea,* principalmente de gramíneas, tanto cespitosas como rizomatosas. Estas pueden llegar a alcanzar una altura considerable en la estación de las lluvias, desarrollando un sistema radicular profundo y denso que le permite resistir la época de sequía, e incluso el fuego al que están constantemente expuestas. La sabana herbácea es sustituida por la *sabana parque o arbórea* en el sector de los llanos más cercano al piedemonte de las Cordilleras. Los árboles de la sabana arbórea son especies de hojas caducas, con troncos nudosos y corteza espesa, cuya misión es presentar una protección eficaz contra los fuegos que se propagan fácilmente y resistir las adversas condiciones de la estación seca.

En los espacios de mayor continentalidad, como los llanos chaqueños de Bolivia, la zona semi-árida de la costa venezolana (península de Araya y La Guaira), el borde del Caribe y el NE. de Colombia, disminuyen las especies arbóreas y el tapiz herbáceo de la sabana, para ir siendo sustituidas progresivamente por *formaciones espinosas,* aunque no están ausentes algunos sectores de sabanas; no obstante la estepa arbustiva de cactáceas y espinosas va ganando terreno en zonas en las que se recogen menos de 1.000 mm. de precipitación anual, e incluso de 700 mm. como en el caso de los llanos del Sur de Bolivia.

Dominio de climas áridos.

Las formaciones xerófilas precedentes marcan una clara transición hacia *el dominio de los climas áridos,* que van a tener su máxima expresión y desarrollo, dentro de la América Andina en la Costa del Pacífico, a lo largo de la costa peruana y el Sur de Ecuador. Este espacio costero presenta una serie de características generales comunes con el resto de los espacios desérticos; una de ellas es la fuerte aridez, ya que en algunos sectores se reciben alrededor de 15-25 mm. de precipitación anual. Esta hiperaridez está ligada a la presencia constante del anticiclón del Pacífico Sur, una de las células de las altas presiones subtropicales, cuyo aire estable y desecante crea estas adversas condiciones. Este aire acentúa su estabilidad debido a la existencia de la corriente de Humboldt, porque sus aguas frías provocan un reforzamiento de la capa de inversión térmica. Las lluvias son escasas, sin embargo la humedad atmosférica es elevada, lo que se traduce en una fuerte niebla y constante nebulosidad que provocan la humedad del suelo, unas temperaturas frescas durante gran parte del año, a la par que un aspecto grisáceo a todo el desierto central de Perú. Estos espacios presentan vegetación xerófila que en algunos lugares alcanza cierta densidad, debido a que las plantas que lo componen son capaces de tomar directamente la humedad del aire debido a unas escamas absorbentes de forma semejante a como lo hacen los epifitos del bosque higrófilo. Las nieblas son las que alimentan la vegetación del desierto peruano que se conoce bajo el nombre de "lomas". Donde la nebulosidad es permanente, la condensación oculta es capaz de sostener las necesidades de una formación vegetal más cerrada, en la que coexisten manojos de "Tillandsia" junto a arbustos y pequeños árboles de hoja perenne. Pero lo más frecuente es que la vegetación se reduzca a plantas anuales y crasas, de escasa talla, enraizadas en la arena que está humedecida hasta 5 cm. de profundidad.

Hay que añadir que la propia vegetación es un elemento importante para su propia pervivencia porque favorece la condensación del agua de las nieblas; de esta forma penetra a mayor profundidad en el suelo y permite que se enraícen plantas de mayor talla, apareciendo una serie de oasis con vegetación menos árida, aunque su extensión es reducida.

La escasez de vegetación es un factor importante que explica la existencia de suelos esqueléticos en este dominio árido. En los espacios más desertizados propios de las vertientes más pronunciadas de las dunas disimétricas de la región de Lima, no existe suelo, puesto que no hay vegetación ni humus o materia orgánica procedente de ella. Por el contrario en espacios más favorecidos pueden surgir suelos más o menos desarrollados. Las condiciones de escasez de precipitación suponen una ausencia de lavado y por tanto los elementos minerales son abundantes allí donde existe cierta vegetación. Para Huetz de Lemps los suelos desérticos presentan, en este sentido, gran fertilidad potencial, que se convierte en real, si se produce precipitación o se les aporta agua artificialmente. Sin embargo el calor y la sequedad provocan a su vez migraciones ascendentes, debido a que el agua del interior asciende por capilaridad; en superficie ésta se evapora y precipita depósitos de elementos minerales que suelen formar costras, muchas veces salinas, muy poco favorables al desarrollo de la vegetación. A lo anterior hay que añadir que la superficie del suelo no está protegida contra los efectos de la erosión, generalmente del viento, lo que explica la falta absoluta de vegetación y la existencia de litosuelo o roca madre desnuda. Por el contrario en los lugares donde ha sido capaz de instalarse la vegetación, bien por aumento de precipitación, o por mayores posibilidades de condensación a través de las nieblas, aparecen suelos un poco más evolucionados como los suelos grises subdesérticos (xerosen). Estos son poco profundos con materia orgánica presente, aunque débil, con textura arenosa y con condiciones de ph básicos; su fertilidad potencial es grande y si se ponen en regadío se pueden obtener buenas cosechas; ahora bien, sólo durante un tiempo limitado, pues la materia orgánica desaparece al igual que la actividad de los microorganismos. Evidentemente el suelo, cuando existe, es de extrema fragilidad, y es necesario evitar su desaparición.

Dominio biogeográfico de la Cordillera Andina

Según nos alejamos del ámbito costero las condiciones climáticas y de vegetación se hacen muy diferentes. Las precipitaciones, a la par que las temperaturas comienzan a modificarse progresivamente. Entramos en el complejo *dominio biogeográfico montañoso de la Cordillera Andina*, que en el ámbito que nos ocupa es el elemento definitorio, por el espacio que ocupa y por las condiciones físicas que en ella aparecen, ya que han influido tanto histórica como actualmente, en la

Vegetación natural y
cultivos en la región
meridional de Ecuador.

Vegetación natural y
ocupación del territorio
en el Sur de Ecuador.

Vegetación xerófila en
el Sur de Ecuador.

forma de ocupación y en el modo de vida de sus habitantes.

El dominio andino se define por la complejidad debido al importante desarrollo espacial de la Cordillera, a su posición en relación al mar Caribe, al Océano Atlántico y al Océano Pacífico y a sus peculiares características morfológicas. Todo ello ha originado fuerte diversidad en la distribución de las precipitaciones, difícilmente explicables sólo por las condiciones generales de circulación atmosférica; es necesario tener en cuenta las modificaciones introducidas por las condiciones locales creadas por la altitud, orientación e insolación. Por ello lo estudiaremos escindido en dos conjuntos, en primer lugar el subdominio andino al N. del Ecuador, es decir los conjuntos de Venezuela y Colombia, para analizar posteriormente el subdominio situado al Sur del Ecuador (Ecuador, Perú y Bolivia). Ambos presentan caracteres muy diferentes, tal y como ha sido explicado anteriormente, que impiden el tratamiento común, de tal forma que mientras la Cordillera al Sur del Ecuador (Andes Centrales) forma una sola masa, con dos Cordilleras (occidental y oriental) que encuadran cuencas, altas llanuras y mesetas, al Norte del Ecuador los Andes se dividen en tres cadenas (occidental, media y oriental o del Caribe) que jalonan amplios y profundos valles longitudinales (Magdalena, Cauca). Además estos últimos son de menor altitud que los primeros, aunque las restricciones del relieve son tan negativas como en Perú o Bolivia debido a la fuerte pendiente de las Cordilleras, a la que se adaptará su vegetación natural.

Las diferencias en la compartimentación del relieve, así como en los factores de exposición (con fachadas abiertas a los flujos lluviosos a los que se oponen espacios o cuencas en posición de abrigo) justifican plenamente la división en dos subdominios, cada uno de los cuales presenta un mosaico diferente de medios biogeográficos.

En el conjunto biogeográfico en los Andes de Colombia y Venezuela al Norte del Ecuador, se produce un escalonamiento bioclimático, en el que aparecen a diferentes altitudes una serie de caracteres climáticos (temperatura y precipitaciones) asociados a determinadas formaciones vegetales. En el escalonamiento se reconocen cuatro pisos básicos (piso cálido, piso templado, piso frío y piso de los páramos). Cada uno de éstos está más o menos desarrollado en ambas vertientes de las tres Cordilleras en que se divide el conjunto andino.

El piso que encontramos por debajo de los 800 m. de altitud es el que hemos denominado *cálido*, o "tierra caliente", debido a que goza de una temperatura media anual de más de 24º C. Es un espacio que recibe precipitaciones muy importantes, más de 4.000 mm. anuales, que pueden alcanzar en ciertos sectores los 6.000 mm. e incluso 10.000 mm., tienen básicamente origen orográfico, debido a que los vientos húmedos del oeste son obligados a ascender, al encontrarse con la cordillera y por tanto sufren un proceso rápido de condensación y posterior precipitación. Asimismo puede ejercer cierta influencia la existencia de un fenómeno frontal generado por el choque de los vientos del Oeste y del Este Nordeste. La vegetación que se adapta a estas abundantes precipitaciones y a temperaturas cálidas es el bosque higrófilo, selva virgen o bosque denso de características semejantes al estudiado en el primer dominio biogeográfico. El piso cálido se circunscribe a la vertiente pacífica de la Cordillera Occidental.

Entre 800 y 2.100 m. de altitud se sitúa el *piso templado*, o "tierra templada", en el que la temperatura media anual se encuentra comprendida entre 17º C y 23º C, más fresca que en el piso precedente como corresponde al proceso general de disminución de la temperatura con la altitud (gradiente adiabático). Es un espacio que recibe precipitaciones abundantes, entre los 1.500 y 3.000 mm. anuales, aunque menores que en el piso cálido que gozaba de una posición privilegiada en relación a los vientos lluviosos. Este piso se encuentra muy desarrollado en la vertiente occidental de la Cordillera Oriental, en las dos vertientes de la Cordillera Central y en la vertiente oriental de la Cordillera Occidental. Comienzan a ser eliminadas las formaciones tropicales, que paulatinamente son sustituidas por el bosque templado de especies caducifolias, entre las cuales el roble era una de las más difundidas; no obstante ha sido muy degradado, porque es el piso en el que se han situado las grandes plantaciones de café.

Por encima de la "tierra templada" a altitudes entre los 2.100 los 3.200 metros nos encontramos con el *piso bioclimático frío o "tierra fría"*. La temperatura media anual que soporta está comprendida entre los 11º y los 16º C; por ella está más cerca de lo que se conoce como clima templado que como frío; sin embargo en una región tropical es considerada como "tierra fría". Es un piso bien desarrollado en la vertiente S. E. de la Cordillera Oriental y en las dos vertientes de la Cordillera Occidental. Las precipitaciones son menores que en el piso templado pero la humedad es importante debido a una constante capa de brumas. Las formaciones caducifolias de robles y alisos aparecen en sectores menos brumosos, mientras que donde las nubes son más tenaces son sustituidas por formaciones de coníferas del género Podocarpus, que llevan asociado un sotobosque de bambús, helechos arborescentes, epifitos en las ramas y musgos, debido a la elevada humedad ambiental.

A partir del los 3.200 metros de altitud nos encontramos en el *piso de los páramos*. Ocupan los antiguos sectores helados durante las fases frías del cuaternario. Es un espacio de bajas temperaturas y menores precipitaciones, pues recibe entre 600 y 800 mm. anuales, aunque con relativa humedad. Está bien desarrollado en la Cordillera Central colombiana y, donde si las condiciones que presentan los suelos son buenas (gran profundidad y materia orgánica suficiente) se ha instalado un bosque bajo de bambúes y frailejones (Espeletia); mientras que donde los suelos son mediocres proliferan turberas, musgos y líquenes.

En el subdominio biogeográfico de los Andes Centrales al Sur del Ecuador las características climáticas presentan menor diversidad que en el precedente, lo que genera una relativa simplicidad en las formaciones vegetales. Clima y vegetación se adaptan a las características de la montaña andina que presenta nítidamente una Cordillera Occidental, una gran fosa media y una Cordillera Oriental. En cada uno de estos espacios se dan unas características climáticas específicas; en la Cordillera Occidental alternan estaciones secas y húmedas propias del régimen tropical con más o menos precipitaciones según la altitud; la vertiente amazónica o Cordillera Oriental presenta precipitaciones más abundantes, mientras que las hoyas de la fosa media en posición deprimida (2.200 a 2.800 m. de altitud) acusan una cierta sequedad. En la primera se detecta un escalonamiento altitudinal claro; así en las regiones bajas el bosque tropical, a mayor altitud hasta los 3.200 m. es sustituido por un matorral de bambúes enanos y bromeliáceas, que a altitudes más elevadas (3.900 m.) se transforman en una estepa de gramíneas o "pajonal" propio del páramo. Las cuencas de la fosa media están ocupadas por bambúes enanos y quenuas adaptadas a las precipitaciones que reciben.

En la montaña de *Perú y Bolivia* existen notables diferencias. *La vertiente pacífica de la Cordillera Occidental* es árida y semi-árida, debido a la influencia del potente anticiclón del Pacífico y la corriente de Humboldt capaz de crear una inversión térmica que se aprecia hasta los 1.500 m. de altitud. A pesar de la altitud de la Cordillera en esta vertiente la glaciación es escasa debido a la gran sequedad. Unicamente entre los 2.000 y 4.000 m. de altitud se producen algunas precipitaciones estivales, debido a que en este momento el aire húmedo e inestable de la cubeta Amazónica atravesará los Andes, llegando a la Cordillera occidental. Allí donde existen mayores precipitaciones aparece un bosque bajo de tipo ceja (árboles pequeños de hoja persistente con fisonomía mediterránea), pero por lo general, la aridez únicamente permite la instalación de una formación arbústiva abierta con altas estepas y arbustos resinosos de crecimiento lento (las yaretas o los cepellones de tolar) que sirven de combustible a los pastores de alpacas. En los lugares en que las precipitaciones sobrepasan los 4.000 mm. la formación precedente se sustituye por la estepa de "ichu" compuesta de gramíneas y festucas que sirven igualmente de pastizal para animales herbívoros.

"Piso frío" de vegetación
en los Andes Centrales
Ecuatorianos.

Vegetación tropical y
cultivos en el valle del
río Esmeraldas.

En *la Cordillera Oriental o vertiente amazónica*, al ser un edificio más complejo, existe una multiplicidad de medios naturales. Las precipitaciones que se reciben son mayores y a ellas se adaptan sus diferentes formaciones vegetales que se suceden de forma altitudinal. El bosque denso, con gran proporción de lauráceas, cubre la vertiente hasta los 2.000 m., para dejar paso a un bosque brumoso muy rico en especies arborescentes (helechos, bambúes) que llegan hasta los 2.800 m. A partir de esta altitud es sustituido por bosque bajo de tipo ceja, más adaptado a precipitaciones menores (800-900 m.) y a la existencia de heladas, pues es capaz de llegar hasta los 3.400 m. de altitud donde las condiciones adversas crecen. A mayor altitud aparece la llamada "puna", formación herbácea adaptada a precipitaciones que varían entre 400 y 700 mm. anuales y temperaturas entre -5º C y 5º C, la más difundida en la "puna" es la estepa de "*ichu*". En los espacios más húmedos de estas regiones altas la "*puna*" deja paso a los pajonales propios del *Páramo*.

Vegetación xerófila
en las altas llanuras
peruanas.

LOS ASPECTOS HUMANOS DE LOS PAÍSES ANDINOS

La sociedad andina ha vivido de cara a la Cordillera, nunca a sus espaldas, sobre ella se ha asentado, ha fundado sus ciudades, y ha crecido, adaptándose a un espacio que le ofertaba unos recursos importantes, pero que por sí mismos no han sido suficientes para afrontar una transformación de sus estructuras económicas y demográficas. De hecho nos encontramos ante un espacio claramente subdesarrollado, en el que las condiciones de existencia no son demasiado favorables. Si al analizar su medio natural, a pesar de contar con un marco director, la gran Cordillera, se observaban importantes contrastes regionales, en razón a sus aspectos socioeconómicos la homogeneidad de comportamientos es mayor, determinada por un claro estancamiento, cuya expresión máxima es un bajo nivel de vida para la mayor parte de sus habitantes. Sin entrar en un análisis profundo de su economía, que será tratada en otros capítulos, cabe señalar un rasgo esencial de su situación y es que en la mayor parte de los países domina la monoproducción, lo cual genera una auténtica inestabilidad, ya que dependen del precio de cada producto exportado en un momento determinado, sometido a múltiples fluctuaciones, que inciden sustancialmente en los beneficios posibles. No en vano más del 60% de la exportación colombiana es de café, más del 50% de la ecuatoriana es petróleo, más del 85% de la venezolana también se apoya en esta fuente de energía y más del 55% de lo exportado por Bolivia es estaño. Este hecho unido a la presencia de una estructura económica de fuerte base agraria, con una industrialización muy débil y un sector terciario hipertrofiado y escasamente productivo, dominados en parte por capital extranjero, apoyan la definición de subdesarrollo anteriormente expresada.

Es propósito de estas páginas caracterizar la población y el poblamiento de los países andinos como reflejo de una situación económica muy poco desarrollada, pero antes de abordar su análisis queremos matizar algo más ese carácter retrasado, resaltando algunos esfuerzos internos para superarlo y que se concretan en un proceso de integración económica protagonizado por el pacto andino.

El subdesarrollo andino: intentos de superación

Definir un grado de desarrollo no es fácil, porque de hecho hay que manejar múltiples variables socioeconómicas, tomar otro espacio como referencia y aún así las matizaciones resultantes en el conjunto mundial son muy importantes. Ahora bien en un intento de simplificación, se manejan algunas constantes que en rasgos generales, sirven para llegar a una cierta caracterización espacial; es el caso, de la renta per cápita, el crecimiento de la población, las estructuras demográficas, y el grado de urbanización. Reflejan la riqueza generada por un país, la evolución de las mentalidades sociales de acuerdo con un determinado nivel de vida, la estructura de una economía a través de la actividad de sus habitantes, la preparación del individuo y el desarrollo urbano, exponente máximo de la civilización contemporánea desarrollada. A continuación pretendemos centrarnos en el primer aspecto y esbozar los rasgos genéricos del resto ya que tendrán una consideración posterior más extensa.

La renta per cápita es en general muy baja, inferior a la media mundial y más próxima a los valores medios del mundo menos desarrollado. Asimismo presenta una singularidad y es que mientras los espacios desarrollados mundiales han incrementado su renta en los últimos años de forma progresiva, los países andinos acusan fluctuaciones importantes con tendencia al descenso. Estos dos aspectos reflejan la debilidad de su economía y la subordinación a una exportación apoyada básicamente en un producto, tal y como hemos señalado anteriormente.

El caso extremo lo protagoniza Bolivia, cuya renta per cápita en 1988 fue de 540 dólares, su subdesarrollo es acusado y por el momento se aventuran pocas expectativas de superación. Ecuador, Colombia y Perú la siguen en importancia, con rentas ligeramente superiores a los 1.000 dólares y por último se sitúa Venezuela con un valor próximo a los 3.000 dólares, país algo mejor situado, fundamentalmente por sus exportaciones petrolíferas. El cuadro adjunto expresa las ideas apuntadas.

De hecho estos valores de renta, en comparación con otros espacios mundiales, demuestran su retraso y explican de alguna forma la situación de un nivel de vida bajo, que se agrava más aún, cuando se tiene en cuenta que una gran mayoría de la población disfruta todavía de rentas menores; no en vano en estos países la sociedad se articula entre dos niveles, el alto, minoritario, y el bajo, dominante, sin que se aprecie una clase media típica del mundo más desarrollado. Si este indicador es de por si expresivo, otros aspectos, vinculados mayormente al contexto demográfico, tienen un comportamiento propio de este ámbito subdesarrollado. Tan sólo quedarán esbozados por el momento, ya que serán objeto posteriormente de un tratamiento más pormenorizado. El crecimiento de su población es muy alto, superior a la media mundial, como consecuencia de unas altas tasas de natalidad. Este hecho se explica porque la sociedad de los países andinos no ha llegado a un voluntarismo natal propio de un alto nivel de vida, de un confort material y de una mentalidad que ve posible la promoción del individuo en virtud de su formación, dentro de una sociedad permeable. Lógicamente una tasa de natalidad puede hoy no reflejar estos hechos, porque la incidencia de una planificación familiar rígida y del control de sus valores mediante una política anti-natal puede ser importante, pero de hecho el mundo desarrollado de la Europa Occidental siguió el comportamiento anterior, y por comparación, una baja tasa, en relación estrecha con un incremento del nivel de vida, es más sintomática de un desarrollo elevado.

Fruto de esta situación resultan unas estructuras demográficas peculiares. Así, su grado de juventud es importante, escasa su población vieja, no en vano son también menores sus esperanzas de vida al nacer. Su formación sociocultural poco significativa, existiendo un alto porcentaje de población analfabeta, símbolo de un débil desarrollo interno. Por lo que respecta a la población activa aparecen unos rasgos claramente definitorios de un sub-desarrollo. En efecto destaca el alto porcentaje de población infantil; de hecho el límite de edad fijado para entrar en actividad es muy bajo, siete años en Bolivia y doce años en Ecuador y Venezuela.

RENTA PER CAPITA (DOLARES)

	1982	*1983*	*1984*	*1986*	*1988*
América Latina	1.910	2.063	2.100	1.900	1.720
América S. tropical	1.890	2.065	2.120	1.820	1.680
Bolivia	570	601	570	480	540
Colombia	1.180	1.334	1.460	1.410	1.230
Ecuador	1.220	1.171	1.350	1.420	1.160
Perú	930	1.122	1.310	1.040	1.130
Venezuela	3.630	4.170	4.140	3.830	2.930
Mundo	2.620	2.754	2.800	2.760	3.010
< desarrollado	8.130	8.657	9.190	9.510	10.700
> desarrollado	680	728	750	700	640

Fuente: World Population data Sheet. Population Reference Bureau. Washington.

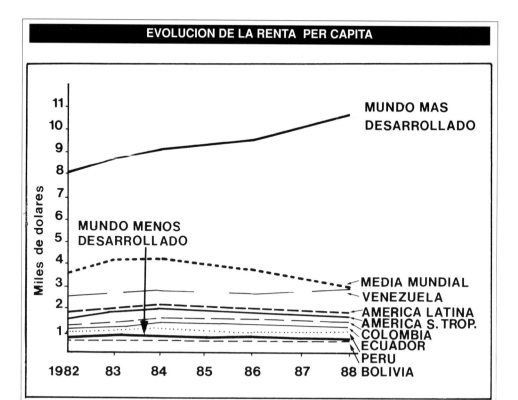

Asimismo es muy alta la población legalmente jubilada, según modelo de otros países, ya que con excepción de Venezuela en el conjunto analizado los mayores de sesenta y cinco años superan el 40%. Por otra parte resulta muy baja la tasa de actividad femenina, entre un 20 y un 25% y por el contrario muy alta la población agraria; de nuevo exceptuando Venezuela, como consecuencia de un mayor desarrollo del sector secundario. Este hecho refleja una débil evolución económica, con el mantenimiento de una base agraria tradicional, escasamente tecnificada, poco productiva, a la par que un raquitismo de los otros sectores económicos.

Estas pinceladas socioeconómicas, corroboradas con algunos indicadores, reflejan una situación de subdesarrollo muy marcada, contra la que luchan los propios países. Una forma ha sido mediante la unión y la integración en

POBLACION ACTIVA 1984

País	Total Agricultura	%	Tasa de actividad %
Bolivia	2.018.000	48	33,6
Colombia	8.508.000	24	30,2
Ecuador	2.930.000	42	32,2
Perú	5.737.000	34	30,0
Venezuela	5.580.000	15	30,0

Fuente: Anuario Agostini 1988.

organismos supranacionales, de cara a valorar en mayor medida los recursos propios, es el caso de la presencia de Ecuador y Venezuela en la OPEP, la participación de todos los países en el llamado Sistema Económico Latinoamericano, o la Constitución del Pacto Andino; con ello tratan de reforzar su situación, e intentan superar los problemas internos. Por entender que el pacto andino es propio y peculiar de ellos vamos a dedicarle una cierta atención.

El primer acuerdo se firmó en agosto de 1966 en Bogotá por los presidentes de Colombia, Chile, Ecuador, Perú y Venezuela, añadiéndose posteriormente Bolivia. Llevó a ello la escasa acción de la Asociación Latinoamericana de Libre Comercio. Este fue el inicio de reuniones posteriores que desembocaron en el Acuerdo de Cartagena o Pacto Andino (Bogotá 1969), firmado por Bolivia, Colombia, Chile, Ecuador y Perú; Venezuela se incorporó en 1973 y en 1975 aparte de firmarse el protocolo de Cartagena, se retiró Chile. En líneas generales implica una estrategia de desarrollo conjunto equilibrado y armónico de los países miembros y para llevarla a cabo consta de dos organismos principales, la Comisión que diseña la política general y la Junta, que supone la autoridad técnica del Acuerdo; otros auxiliares, caso del Comité asesor económico y social y el Comité Consultivo.

Han acordado crear un mercado común andino y de hecho se han incrementado sustancialmente las transacciones entre ellos y el resto del mundo; así, si las importaciones del grupo andino con el resto del mundo, supusieron en 1969, 3.710 millones de dólares, en 1980, habían ascendido a 22.596 millones, realizados sobre todo con USA y CEE; respecto de las exportaciones ha sucedido algo semejante; en 1969 fueron de 4.912 millones de dólares, en 1980 de 23.733 millones, fundamentados en productos primarios. También trabajan en otros contextos tales como los referentes a: armonizar las políticas económicas y sociales, programar conjuntamente la industrialización, establecer un arancel externo para financiar inversiones, lograr la integración física financiera, social y educativa. Todo ello

dando un tratamiento preferencial a Bolivia y Ecuador como consecuencia de su mayor retraso.

Desde su constitución se han llevado a cabo algunas realizaciones en diversas cuestiones socioeconómicas. Así en materia industrial se han desarrollado programas subsectoriales en relación con la metalmecánica, química, siderúrgica y automovilística; se promocionaron las exportaciones de la producción industrial y se ha llegado a establecer un régimen común sobre tratamiento de capitales y tecnología extranjera. En conjunto se intenta conseguir una mayor expansión, especialización y diversificación de este sector de la economía, tratando de incorporar en la medida de lo posible los adelantos tecnológicos. Por lo que respecta al sector agropecuario se intenta elevar el nivel de vida de la población rural mediante un incremento de la producción y de la productividad. Para el conjunto de la economía actúan con un doble propósito: regular las inversiones, sobre todo extranjeras y crear un arancel externo común, como mecanismo de protección frente a la competencia externa.

Asimismo han establecido propósitos de integración en algunos aspectos, tales como en materia energética, transportes y comunicaciones, tráfico fronterizo o con la construcción de algunos organismos, tales como en CAF, Corporación Andina de Fomento, de carácter financiero, con el objeto de captar recursos dentro y fuera de la región. En materia educativa se firmó el convenio de Andrés Bello, en cuestiones sociolaborales el de Simón Rodríguez y en salud el de Hipólito Unanue.

A pesar de los esfuerzos realizados y del interés que tiene este organismo andino, se encuentra en un momento crítico, ya que sus logros no han sido tan importantes como se esperaba, sin embargo es preciso mantenerlo ya que la unión de estos países creará una mayor fuerza interna frente al exterior y posibilitará algunas acciones positivas, sobre todo para los más débiles, que aisladamente no serían capaces de llevar a cabo.

Realmente tan sólo se han operado buenas intenciones para sacar a estos países de su subdesarrollo, puesto que en la actualidad se sigue manteniendo un bajo

Poblamiento en el altiplano del Perú.

nivel de vida y unas condiciones de existencia un tanto precarias para la mayor parte de su población. Dado que además por el momento su ritmo de crecimiento es superior al de su economía, se puede aventurar una situación muy poco optimista. Su contexto demográfico, tal y como hemos señalado anteriormente, sufre y a la vez refleja la problemática económica existente, por ello este aspecto requiere un análisis más pormenorizado porque tanto su evolución, como su reparto o sus estructuras, van a responder en parte a esa característica de espacio periférico ya apuntada.

Las características demográficas: exponentes de un espacio subdesarrollado

En conjunto el contexto demográfico andino viene definido por unas características muy peculiares que se reducen en síntesis a tres rasgos generales: complejidad étnica, fuerte crecimiento y desigual reparto espacial. Todo ello desemboca en unas estructuras geodemográficas y geosociales desarticuladas y desequilibradas, causa y efecto de un contexto económico determinado.

La constitución actual de la población andina

Según Cunill en la formación actual de la población andina han intervenido tres aportes importantes: el amerindio, el español y el africano. El primero, a pesar de considerarse conjuntamente no tiene una cultura común, apreciándose una cierta dispersión. Así el altiplano de Cundinamarca y Boyacá acogió la cultura de los chibchas, en el centro, y sobre todo en torno a Cuzco, floreció la de los incas. También fueron significativas algunas áreas periféricas caso de la zona circundante colombo-venezolana y las cuencas del Orinoco y alto Amazonas. En el momento actual perdura este elemento autóctono y su peso demográfico es importante, sobre todo en las tierras centrales; constituyen un foco de población claramente marginada.

El aporte hispano arranca de los inicios de la colonización; procede principalmente de Extremadura, Galicia, Andalucía, Asturias y Canarias, incorporándose otras regiones emisoras en el siglo XVIII como Vascongadas y Cataluña. En principio al tratarse de una inmigración claramente masculina se llevó a cabo un cierto mestizaje, posteriormente aminorado, aunque siempre se detectó un claro desequilibrio por sexos. Se asentaron preferentemente en los Andes septentrionales y Centrales, así como el litoral, por lo general superpuestos a la población amerindia que utilizaron como mano de obra.

Los africanos sin ser tan significativos como en las Antillas, han tenido su importancia, sobre todo en la zona litoral. Prueba de ello es la persistencia de rasgos negroides sobre todo en Venezuela, Colombia, Ecuador y Perú.

Los tres aportes se han mezclado, dando lugar a un mestizaje importante, que se refleja claramente en su contexto étnico y cultural, de tal forma que la estructura étnica actual viene dominada mayoritariamente por la población amerindia y mestiza, tal y como refleja el siguiente cuadro.

Así, la población actual es fruto de una intensa corriente migratoria dirigida hacia los países andinos, desarrollada a lo largo de la Historia, hoy prácticamente frenada, salvo en Venezuela, de tal forma que en estos momentos los contingentes demográficos obedecen a una dinámica interna determinada por el crecimiento natural. Sin embargo, la heterogeneidad étnica es

un rasgo peculiar de estos países; está muy unida a su proceso colonizador y cumple hoy un hecho social de gran importancia, no en vano la mayor parte de los contingentes amerindios, buena parte de los mestizos y los negros, forman una clase marginada de bajo nivel de vida que sufre mayormente los efectos del subdesarrollo.

Los efectivos demográficos actuales y su evolución

En el año 1988 la población andina ascendía a 87,8 millones de habitantes, cifra realmente importante, no en vano suponía el 20,4% de la América Latina, el 36,8% de la América del Sur tropical, el 2,2% del mundo subdesarrollado y el 1,7% del total de la población mundial. Estos efectivos se reparten de forma desigual entre los cinco países considerados; el de mayor peso demográfico es Colombia, seguido de cerca por Perú y Venezuela, situándose a mayor distancia Ecuador y Bolivia.

Esta población actual es fruto de un crecimiento muy significativo de los últimos años. En efecto, si se considera el incremento experimentado a lo largo del presente siglo se observan comportamientos un tanto diferentes. Así desde 1900 a 1930 la tasa media anual de crecimiento fue lenta, a partir de 1940 se acusa un importante despegue que culmina entre 1950 y 1970, registrándose un comportamiento temporal diferente según países; Venezuela alcanza sus mayores índices entre 1955-1960, Ecuador, Colombia y

ESTRUCTURA ÉTNICA %					
País	Amerindios	Mestizos y negros	Mulatos	Criollos y europeos	Otros
Bolivia	65	30	–	5	–
Colombia	2,2	53,6	24	20	–
Ecuador	40	40	5	10	5
Perú	47	32	9	12	–
Venezuela	–	–	–	–	–

Fuente: Anuario Agostini 1988.

POBLACION DE AMÉRICA ANDINA. 1988

País o región	Total (millones)	% respecto Total andino	% respecto América Latina	% respecto América S. trop.	% respecto mundo subdesarrollado	% respecto Total mundial
Bolivia	6,9	7,9	1,6	2,9	0,2	0,1
Colombia	30,6	34,9	7,1	12,9	0,8	0,6
Ecuador	10,2	11,6	2,4	4,3	0,3	0,2
Perú	21,3	24,2	5,0	8,9	0,5	0,4
Venezuela	18,8	21,4	4,4	7,9	0,5	0,4
América Latina	429,0					
América S. trop.	238,0					
Mundo subdesar.	3.931,0					
Total mundial	5.128,0					

Fuente: World Population data Sheet. Population Reference Bureau. Washington. Elaboración propia.

Perú entre 1965 y 1970. A partir de 1975 y a pesar de que se mantienen cifras altas, la tendencia hasta 1988, es de mantenimiento o de cierto retroceso, con excepción de Bolivia. En efecto, en 1975 la población andina alcanzaba una cifra de 63.399.000 habitantes, en 1980 superaba los 73 millones y en 1988 llegaba a los 87,8 millones, ello significa pasar de un crecimiento anual del 3,1 % entre 1975-1980, al 2,5% entre 1980-1988. Por países se aprecia un comportamiento similar a la tónica general, si bien es digno de destacar el del Colombia por su mayor retroceso y el de Perú por su estancamiento.

De acuerdo con esta última tendencia seguida por la población andina y consi-

Utilización del suelo en la
regional meridional
peruana

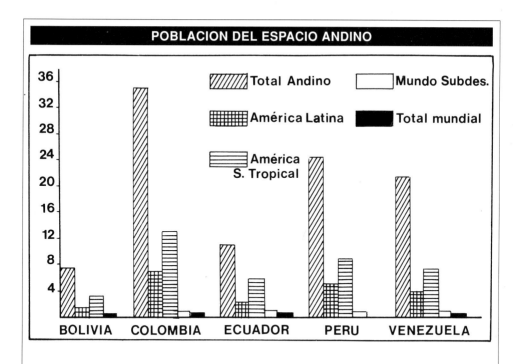

EVOLUCION DEMOGRAFICA 1975-1986

País	Total (miles de hab.)			Evolución %		Crecimiento anual %	
	1975	1980	1988	1975-1980	1980-1988	1975-1980	1980-1988
Bolivia	4.894	5.600	6.900	14,4	23,2	2,8	2,9
Colombia	23.644	27.093	30.600	14,6	12,9	2,9	1,6
Ecuador	7.035	8.123	10.200	15,5	25,5	3,1	3,1
Perú	15.161	17.295	21.300	14,1	23,1	2,8	2,8
Venezuela	12.665	15.024	18.800	18,6	25,1	3,7	3,1
Total	63.399	73.123	87.800	15,3	20,1	3,1	2,5

Fuente: World Population data Sheet. Population Reference Bureau. Anuario Agostini. Elaboración propia.

derando que se va a mantener en un contexto similar, se han proyectado sus contingentes para el año 2000 y 2100 por parte de Population Reference Bureau de Washington. Para la primera fecha, se calculan unos efectivos de 114,2 millones de habitantes, lo cual significaría un incremento global entre 1985 y el año 2000 del 35,9% y un 2,6% anual. Esta primera proyección considera todavía que en los años próximos el crecimiento demográfico de la América Andina va a ser muy fuerte, incluso ligeramente superior al actual, teniendo en cuenta la presencia de unas estructuras de población muy jóvenes junto a escasos cambios socioeconómicos. El ritmo de decrecimiento se aventura en el próximo siglo, ya que según las perspectivas se alcanzarán cifras de crecimiento anual semejantes a las de los países desarrollados en el momento actual. Así, para el año 2100 se calculan unos 199,1 millones de habitantes, con un crecimiento global del 74%,

EVOLUCIÓN DEMOGRÁFICA 1975-1988

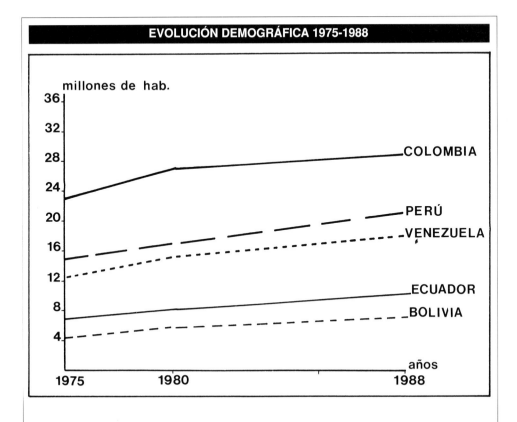

un 0,7% anual. Por consiguiente estamos ante un espacio con un ritmo de crecimiento de la población muy fuerte que se va a mantener en los próximos años, quizás con alguna oscilación; hay que tener en cuenta que cualquier incidencia humana puede modificar la tendencia prevista. Este hecho obedece y obedecerá fundamentalmente al comportamiento del crecimiento natural, no en vano, como hemos señalado anteriormente las migraciones internacionales son muy poco significativas.

PROYECCIONES DEMOGRAFICAS EN EL ESPACIO ANDINO Y OTROS ESPACIOS

País o región	Total (miles hab.)		Evolución %		Crecimiento anual %	
	2000	2100	1986-2000	2000-2100	1986-2000	2000-2100
Bolivia	9.200	21.100	43,7	129,3	3,1	1,3
Colombia	38.400	59.300	28	54,4	2	0,5
Ecuador	13.900	24.600	44,7	76,9	3,1	0,8
Perú	28.000	48.000	38,6	71,4	2,7	0,7
Venezuela	24.700	46.100	38,7	86,6	2,7	0,9
América S. trop.	316.000	503.000	35,6	59,2	2,5	0,6
América Latina	563.000	915.000	44,4	62,5	2,4	0,6
Mundo desarrol.	1.264.000	1.417.000	7,1	12,1	0,5	0,1
Mundo subdesar.	4.893.000	9.028.000	30,0	84,5	2,1	0,8

Fuente: World Population data Sheet. Population Reference Bureau. Elaboración propia.

La dinámica natural: responsable del crecimiento demográfico

Realmente el actual crecimiento de la población andina obedece a dos hechos ligados a su dinámica natural: el mantenimiento de unas tasas de natalidad muy altas, superiores en muchos casos al doble del valor alcanzado en los países desarrollados y la existencia de una baja mortalidad, generalmente inferior a la del mundo más evolucionado, hoy envejecido.

En efecto, el espacio andino mantiene unas tasas de natalidad muy altas, superiores, con excepción de Colombia, a la media de América Latina y del mundo subdesarrollado. Su evolución ha sido muy poco significativa, pudiéndose hablar de un estancamiento en los últimos cinco años o en algunos casos de ligeros descensos. Asimismo la tasa de fertilidad es muy alta, alcanzando cifras realmente espectaculares sobre todo en Bolivia, Ecuador y Perú. Ello obedece a que no se han desencadenado con fuerza los mecanismos que, en otros espacios mundiales, han incidido sobre las tasas de natalidad, descendiendo espectacularmente. No se han producido los cambios estructurales en la economía de la América Andina, que a su vez hubieran desencadenado importantes modificaciones sociales. El nivel de vida es bajo y las posibilidades de promoción social escasas, lo cual incide negativamente en el deseo de formación del individuo, de tal forma que en la composición familiar el gasto dedicado a la educación de los hijos es muy bajo, convirtiéndose desde edades tempranas en un elemento de trabajo, aportando sus pequeños ingresos a esa economía familiar; en ocasiones un nuevo hijo va a gastar muy poco y enseguida se convierte en una fuerza productiva. Todos los mecanismos desencadenados por un nivel de vida elevado, que van desde los señalados, al trabajo femenino como algo usual, al mayor deseo de confort, a la materialización de la vida en su sentido más estricto y que tanta influencia han tenido en la reducción de la natalidad y de la fertilidad, no se hacen patentes en este espacio. Tampoco se ha desarrollado un control político de la natalidad a través de programas estatales, cosa que sí ha sucedido en otros espacios subdesarrollados, por lo que en este sentido las tasas carecen de regulación incluso por los poderes públicos.

El país que acusa los mayores valores es Bolivia, significado asimismo por su gran retraso y su fuerte subdesarrollo; le siguen en importancia Ecuador y Perú, situándose después Venezuela. Colombia ha conseguido reducir sus tasas de natalidad, aunque en los últimos años se observa un estancamiento muy marcado, más por el desarrollo de una política antinatal que porque se hayan operado en su seno cambios socioeconómicos importantes; en Venezuela, empieza a notarse un descenso, fruto del ligero aumento del nivel de vida y de acciones estatales. Así, exceptuando estos últimos países, el resto registran valores de natalidad y fecundidad superiores a la media del mundo subdesarrollado y del conjunto de la América Latina.

	Tasas de natalidad.%					*Tasa de fertilidad total*				
	1982	1983	1984	1986	1988	1982	1983	1984	1986	1988
América Latina	32	31	31	31	29	4,4	4,3	4,2	4,1	3,7
América S. Trop.	33	32	32	32	30	4,5	4,5	4,3	4,2	3,7
Bolivia	45	43	42	43	40	6,6	6,6	6,4	6,2	5,5
Colombia	28	28	28	28	28	3,8	3,6	3,6	3,6	3,4
Ecuador	42	41	41	36	36	6,3	5,7	5,5	5,2	4,6
Perú	38	37	37	35	34	5,3	5,0	5,2	5,2	4,5
Venezuela	34	33	33	33	29	4,3	4,3	4,3	4,1	3,7
Mundo	29	29	28	27	28	3,9	3,9	3,8	3,7	3,6
< desarrollado	15	15	16	15	15	2,0	1,9	2,0	1,9	1,9
> desarrollado	33	33	32	31	31	4,6	4,5	4,4	4,2	4,1

Fuente: World Population data Sheet. Population Reference Bureau. Washington.

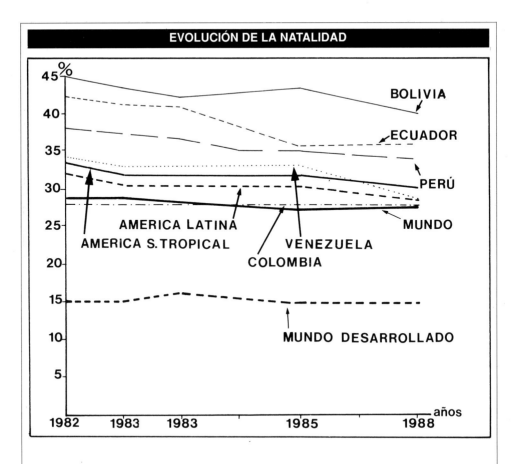

EVOLUCIÓN DE LA NATALIDAD

A una alta natalidad se corresponde una mortalidad baja y un cierto retroceso. Se han controlado numerosas enfermedades, tales como el paludismo, la fiebre amarilla, el tifus y la tuberculosis, más por la ayuda internacional recibida o por la difusión científica operada que porque en este espacio se hayan operado transformaciones estructurales.

Asimismo el grado de juventud dominante influye decisivamente en esta variable demográfica. Los mayores valores se corresponden con Bolivia, país que a pesar de los esfuerzos realizados y de la cooperación internacional existente, cuenta todavía con una tasa de mortalidad general superior a la media del mundo subdesarrollado y de América Latina. Las condiciones de vida, precarias en su mayoría, son responsables de esta situación. Se sitúan a continuación Perú, Ecuador y Colombia y por último, con unos valores muy bajos Venezuela. El resultado de los trabajos realizados para controlar la mortalidad, no sólo se reflejan en estas tasas, por lo general débiles y en retroceso, sino también en un incremento de las esperanzas de vida al nacer, en este caso superiores a la media mundial, con excepción de Bolivia y Perú y a la del mundo subdesarrollado, si bien en este caso el espacio boliviano de nuevo queda por debajo.

Si la mortalidad general se situaba en unos niveles bajos, no sucede así con la tasa de mortalidad infantil, aspecto que refleja la vulnerabilidad de su equipamiento sanitario, y las condiciones familiares de alimentación e higiene. Es muy alta con excepción de Venezuela, a pesar de que todavía es importante, sobre todo si se compara con el mundo desarrollado. Es cierto que se observa un retroceso en los últimos años, pero pese a ello todavía

	Tasas de mortalidad %.					Esperanza de vida al nacer				
	1982	1983	1984	1986	1988	1982	1983	1984	1986	1988
América Latina	8	8	8	8	8	63	64	64	65	66
América S. Trop.	9	9	8	8	8	62	62	62	63	65
Bolivia	18	16	16	15	14	49	50	50	51	53
Colombia	8	8	7	7	7	62	63	63	64	64
Ecuador	10	10	9	8	8	60	61	61	64	65
Perú	11	11	12	10	9	57	58	58	59	61
Venezuela	5	5	5	6	5	66	67	67	69	70
Mundo	11	11	11	11	10	60	62	61	62	63
< desarrollado	10	10	9	10	9	72	73	73	73	73
> desarrollado	12	12	11	11	10	57	58	58	58	60

Fuente: World Population data Sheet. Population Reference Bureau. Washington.

EVOLUCIÓN DE LA MORTALIDAD

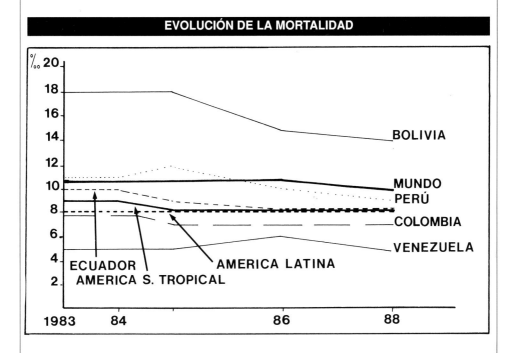

alcanza cifras que son un exponente más de su subdesarrollo, no en vano el comportamiento de las de mortalidad infantil puede ser un indicador importante del grado de evolución socioeconómica de un espacio determinado. Incluso esa medida nacional enmascara una realidad mucho más cruda en relación con la situación de los medios rurales, en los cuales se registran cifras más elevadas, que en el caso de Bolivia pueden superar el 200 ‰. De hecho las condiciones de existencia son mucho más duras en el campo, tanto por los bajos niveles de vida que tiene la población, como consecuencia de su precaria actividad económica, que se encuentra en los límites de la subsistencia, cuanto por el escaso equipamiento de los

MORTALIDAD INFANTIL. %.					
	1928	*1983*	*1984*	*1986*	*1988*
América Latina	67	65	65	62	57
América S. Trop.	74	73	75	70	63
Bolivia	131	130	130	119	110
Colombia	56	56	56	53	48
Ecuador	82	81	81	70	66
Perú	88	87	101	99	88
Venezuela	42	41	41	39	36
Mundo	85	84	84	82	77
< desarrollado	20	19	19	17	15
> desarrollado	96	93	94	92	86

Fuente: World Population Data Sheet. Population Reference Bureau. Washington.

diferentes asentamientos. La asistencia sanitaria es muy deficiente y el desconocimiento de los padres un rasgo negativo para su control. De hecho se han observado los valores más altos en ese medio rural y dentro de él entre la población analfabeta, de por sí muy numerosa.

Como consecuencia de unas tasas de natalidad altas y una mortalidad más bien baja, resulta un crecimiento natural elevado; en conjunto se sitúan en unos valores que oscilan entre un 2 y un 3%. Este hecho unido a un fuerte estancamiento económico produce un desequilibrio fuerte entre población y riqueza económica, lo cual induce a la génesis de niveles de vida cada vez más bajos y en general precarios. El desfase población-economía es una constante en el mundo subdesarrollado, y de cara a su solución no es suficiente con modificar la tendencia de una de las variables, ejemplo la demográfica, sino ambas a la par. Si decrece el incremento de la población y aumenta la renta sí que se consigue mejorar las condiciones de existencia de un espacio determinado.

Ahora bien, desde un punto de vista demográfico, la América Andina no se enfrenta sólo a un elevado crecimiento, sino también a unas estructuras muy jóvenes que reclaman un equipamiento y otra forma de economía. Cada vez es mayor la demanda educativa y profesional, existiendo un importante número de personas que exigen una formación y un puesto de trabajo. De nuevo se produce un desequilibrio, faltan centros, la oferta es baja y escasea el empleo, lo cual genera elevados porcentajes de población analfabeta, con niveles socioculturales muy bajos y un fuerte desempleo o en ocasiones un subempleo grave, tanto en el medio rural como en el urbano. Una cosa es cierta, esta espacio cuenta con un capital humano importante que puede ser decisivo en un futuro, si realmente aborda sus transformaciones estructurales.

Los movimientos migratorios actuales; cambios en la distribución interna de la población.

Si realizáramos este estudio con una perspectiva histórica, el factor más importante que contribuyó a la génesis de unos efectivos demográficos andinos, se relacionaría con las migraciones internacionales. De hecho las fuertes oleadas de españoles, fueron decisivas, junto a otros grupos minoritarios, en la colonización del espacio andino. Sin embargo esta corriente ha quedado prácticamente obsoleta, tan sólo se detecta hoy una cierta inmigración en Venezuela y cada vez es más pequeña. América Latina ha dejado de ser el paraíso dorado para los europeos. Por consiguiente los movimientos migratorios actuales apenas repercuten en la dinámica demográfica, se apoya fundamentalmente en el crecimiento natural, tal y como hemos señalado anteriormente, y la única incidencia que tienen está relacionada con las modificaciones que se producen en el reparto de la población en cada uno de los

CRECIMIENTO NATURAL %

	1982	1983	1984	1986	1988
América Latina	2,3	2,3	2,4	2,3	2,2
América S. Trop.	2,4	2,4	2,4	2,4	2,2
Bolivia	2,7	2,7	2,7	2,8	2,6
Colombia	2,0	2,0	2,1	2,1	2,1
Ecuador	3,1	3,2	3,2	2,8	2,8
Perú	2,8	2,6	2,5	2,5	2,5
Venezuela	2,9	2,8	2,8	2,7	2,4
Mundo	1,7	1,8	1,7	1,7	1,7
< desarrollado	0,6	0,6	0,6	0,6	0,6
> desarrollado	2,1	2,1	2,1	2,0	2,1

Fuente: World Population data Sheet. Population Reference Bureau. Washington.

países. Hoy tan sólo se significan las migraciones interiores.

Según Cunill se destacan cuatro tendencias importantes: campo-ciudad, campo-actividades mineras, tierras altas-áreas litorales del Pacífico y por último colonización de las tierras tropicales interiores. El hecho de que exista un medio rural con una economía precaria, escasamente productiva, que prácticamente tan sólo permi-

te la subsistencia, sin que se operen modificaciones en su funcionamiento, hace que exista una fuerte presión demográfica. Los habitantes del campo abandonan su lugar de origen y van hacia otros lugares, en los que por lo general, tampoco mejoran demasiado sus condiciones de existencia. Se dirigen hacia los centros urbanos de forma jerarquizada, su primer destino suele ser una pequeña ciudad próxima para

EVOLUCIÓN DEL CRECIMIENTO NATURAL

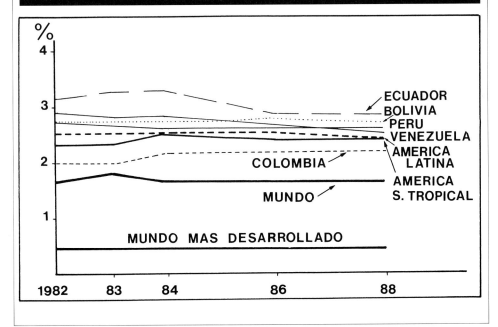

desembocar con frecuencia en otras de mayor tamaño, e incluso en las propias capitales, lo cual ha producido un fuerte crecimiento en estas últimas. También han emigrado hacia los centros que cuentan con explotaciones mineras, caso de la Sierra Peruana y del Altiplano Boliviano, donde la afluencia de mano de obra hace que la explotación del obrero sea un hecho y las condiciones de vida realmente duras. De hecho el emigrante rural andino mejora muy poco al trasladar su residencia.

Asimismo se observa una importante corriente migratoria procedente de las altas tierras hacia el litoral. No es nueva, tradicionalmente existió un importante movimiento de trabajadores temporales en virtud de las recolecciones de caña, hoy se está convirtiendo en permanente. Curiosamente es en este caso la actividad agraria el motivo de la atracción demográfica, en virtud de dos aspectos: el acceso a una pequeña propiedad y por la demanda de mano de obra procedente de las plantaciones. Así en Venezuela ha sido fuerte la inmigración en las tierras del lago Maracaibo y delta del Orinoco; en Colombia en el valle costero del Magdalena y en los llanos del Caribe, por último en Ecuador y Perú en la costa Pacífica.

Por último hay que destacar la colonización actual de las tierras bajas interiores, frecuentemente ligadas a programas gubernamentales. Estas zonas, como ya hemos mencionado, han sido tradicionalmente rechazadas por sus condiciones naturales poco favorables, derivadas de las frecuentes inundaciones que junto a las elevadas temperaturas, creaban un calor y una humedad favorable al desarrollo de enfermedades endémicas. La desecación, unida a transformaciones del suelo, hacen posible su cultivo actual y las convierten en los frentes pioneros del contexto andino. En la mayor parte de los casos se trata de áreas muy puntuales, frecuentemente ligadas a los valles fluviales, sin que por el momento alcancen grandes extensiones; de hecho todavía esta zona cuenta con escasos contingentes de población. Como principales espacios recientemente transformados y de atracción demográfica actual destacan: en Venezuela, Barinas y los sistemas del Apure y del Orinoco; en

Colombia, los valles del Arauca, Meta, Alto Caquetá y Putumayo; en Perú, el programa del río Apurimac y algunos valles intramontañosos como el de Huánuco; en Bolivia, los llanos de Santa Cruz. En Ecuador, también se han llevado a cabo programas de colonización de las tierras bajas, controlando el Gobierno la instalación de colonos.

De hecho, a pesar de estos intentos encaminados a repoblar algunos espacios andinos, no se ha conseguido equilibrar el reparto de la población, ya que sigue destacando la zona montañosa y dentro de ella el altiplano. Tan sólo las corrientes migratorias han contribuido al crecimiento rápido de las ciudades, que por el momento son, como en el mundo desarrollado, en esto no hay diferencias, los centros de concentración humana.

La distribución de la población: un particular desequilibrio espacial

La población andina es un ejemplo mundial de reparto desequilibrado, porque su peculiar modelo de concentraciones tiene por protagonista la Cordillera. Si en numerosos espacios del mundo, el hombre ha buscado las zonas bajas, rechazando la montaña, aquí, por las razones ya explicadas se da el caso contrario. Esta situación es un claro reflejo del pasado, ya que el nuevo comportamiento de la población, como hemos expresado anteriormente, tan sólo ha contribuido a reflejar el protagonismo urbano y a señalar nuevos centros de poblamiento en las tierras bajas, pero que aún están a gran distancia de los asentamientos andinos. Las zonas de mayor densidad coinciden con las de la civilización aborigen, ya que la colonización se superpuso a ellas, y vienen representadas por la Cordillera del litoral venezolano, los Andes colombo-ecuatoriales, la sierra y el altiplano peruano-boliviano. Vamos a analizar por países donde se registran los mayores valores y por consiguiente los principales focos demográficos.

En Bolivia las mayores concentraciones demográficas coinciden con los Andes, en las zonas del altiplano de la Cordillera Central y algunos puntos de la Cordillera Oriental sobre todo en su ver-

Poblamiento y
ocupación del territorio
en la región meridional
ecuatoriana.

Ocupación del territorio
en el Norte de Ecuador.

tiente occidental; es el caso de los Departamentos de La Paz, Potosí, Cochabamba y Santa Cruz. El más significado es el primero, fundamentalmente por ubicarse en él la capital del Estado, si bien a pesar de concentrar los mayores efectivos, no cuenta con una densidad importante, no en vano los valores de densidad de este espacio andino son en general muy bajos. A medida que descendemos hacia el llano, tanto las densidades, como los porcentajes de participación en la población total, bajan sensiblemente. Así, con cifras inferiores a un habitante por km, se sitúa el de Pando cuya capital es Cobija, situado al NW del país, destacando también por sus bajos valores el de Beni, con capital en Trinidad, ubicado en las tierras bajas interiores, en el valle del Mamoré. En conjunto este país, presenta valores de densidad bajos, si bien se dibuja claramente, tanto por ese indicador, como por el porcentaje de participación en la población total de cada Departamento, un desequilibrio claro montaña-llanura; asimismo los máximos valores coinciden siempre con una ciudad importante. Realmente estas características bolivianas se pueden extrapolar al resto de los países que vamos a analizar.

En Colombia, de nuevo se calca el mismo modelo; la sierra, asume las mayores concentraciones y los llanos, son un auténtico desierto demográfico. En conjunto la población se reparte en 23 Departamentos, cinco Intendencias y cinco Comisarias, ahora bien son muy pocos los que se significan por su densidad o por la participación en la población total.

Existen cinco Departamentos que cuentan con densidades elevadas, que se individualizan del comportamiento general de la América Andina, son los de Bogotá, Atlántico (Barranquilla), Quindio (Armenia), Risaralda (Pereira) y Valle del Cauca (Cali), y una Intendencia, San Andrés. Obedecen a dos hechos fundamentalmente a la presencia de un núcleo urbano importante o a su escasa extensión (el ejemplo más expresivo es San Andrés). Sin embargo tan sólo Bogotá, Atlántico y Valle del Cauca se significan por su participación en la población total, que supera en todos los casos el 10%. En conjunto entre los tres asumen el 38,3% de los efectivos totales del país. El resto de los Departamentos, Intendencias y Comisarías, acusan unos valores de densidad muy bajos y su participación en el total de la población oscila entre el 0,1 % y el 5,5%. El mayor vacío demográfico se registra por consiguiente en la zona llana y concretamente en el interior oriental de este territorio, en los valles medios de los ríos Meta, Guaviare, Inirada, Vampés, Apaporis, Caquetá y Putumayo.

Ecuador, país que se desarrolla fundamentalmente a través de la Cordillera, contando con una menor extensión de zona llana, también refleja el modelo andino de concentración demográfica, si bien en este caso, la costa constituye un segundo enclave de la población ecuatoriana. En conjunto las provincias de la sierra, un total de 10, soportan el 47,3% de la población; dentro de un reparto demográfico en cierto modo equilibrado, destaca por sus efectivos la de Pichincha, cuya capital es

DISTRIBUCION DE LA POBLACION. BOLIVIA

DepartamentoDensidad		% de participación en la población total
Beni	1,0	3,7
Chuqisaca	8,4	7,4
Cochabamba	16,3	15,4
La Paz	14,3	32,3
Oruro	7,2	6,5
Pando	0,7	0,7
Potosí	6,9	13,9
Santa Cruz	2,5	15,9
Tarija	6,5	4,2

Fuente: Anuario Agostini. Elaboración propia.

DISTRIBUCION DE LA POBLACION: COLOMBIA

Departamentos	Densidad	% respecto población total	Departamentos	Densidad	% respecto población total
Bogotá	1.799	13,6	Guajira	8	2,8
Antioquía	47	14,2	Huila	23	2,2
Atlántico	283	4,5	Magdalena	23	2,5
Bolivar	31	3,8	Meta	3	1,1
Boyacás	42	4,6	Nariño	24	3,8
Caldas	89	3,3	N. de Santander	32	3,3
Cauca	20	2,9	Quindio	174	1,5
César	15	1,6	Risaralda	109	2,1
Chocó	4	0,9	Santander	37	5,4
Córdoba	26	3,1	Sucre	32	1,6
Cundinamarca	49	5,3	Tolima	38	4,3
			Valle del Cauca	99	10,5

Intendencias

Arauca	2,2	0,2	**Comisarias**		
Caquetá	2,1	0,9	Amazonas	0,2	0,9
Casanare	1,9	0,4	Guainía	0,1	0,1
Putumayo	2,8	0,3	Guaviare	–	–
San Andrés	516	0,1	Vanpés	0,4	0,1
			Vichada	0,1	0,1

Fuente: Anuario Agostini. Elaboración propia.

Quito, de nuevo la ciudad se alza como protagonista de las contracciones demográficas. La costa es otro importante enclave, cuenta con cinco provincias que soportan el 42,3% de la población total; en este caso hay que destacar la de Guayas, cuya capital es Guayaquil. Por último la zona oriental, el llano, de nuevo aparece como un desierto demográfico, cuenta con cuatro provincias y tan sólo soporta el 3,3 % de la población. Sus densidades son muy bajas, oscilan entre 1 y 2 h./km, típicas de estos dominios en todo el conjunto analizado.

De nuevo la Cordillera de los Andes es el principal enclave demográfico de Perú,

DISTRIBUCION DE LA POBLACION: ECUADOR

Provincias	Densidad	% respecto población total	Provincias	Densidad	% respecto población total
Azuay	57	5,5	Guayas	97	25,5
Bolivar	33	1,8	Los Ríos	77	5,7
Cañar	52	2,2	Manabi	47	10,7
Carchi	34	1,6	*Costa*	60	42,3
Chimborazo	57	4,0	Marona Sant.	2,4	0,9
Cotopaxi	55	3,5	Napo	2,2	1,4
Imbabura	51	3,1	Pastaza	1,0	0,4
Loja	30	4,5	Zamora		
Pichincha	70	17,2	Chinchipe	2,3	0,6
Tungurahua	101	4,0	*Oriente*	2,0	3,3
Sierra	54	47,3	Galápagos	0,8	0,1
El Oro	58	4,2	Archipiélago Colón	0,8	0,1
Esmeraldas	16	3,1			

Fuente: Anuario Agostini. Elaboración propia.

Población, cultivos y vegetación natural en el norte de Ecuador.

si bien por la extensión latitudinal de este país se establecen diferencias en su seno. El centro es el principal foco, ya que asume el 47,2 % de la población total del país, destacando el Departamento de Lima. Le sigue en importancia el Norte, cuya población aparece bastante equitativamente repartida entre los de Piura, Lambayeque, Cajamarca, La Libertad y Ancash. El Sur, absorbe el 17,6 % de los efectivos totales, con el protagonismo de los Departamentos de Cuzco y Arequipa. Hay que destacar que en estas divisiones, aparte de estar representada mayormente la Cordillera de los Andes, también se incorpora la costa la cual localiza la mayor parte de las ciudades peruanas, centros de mayores concentraciones de la población, es el caso de Chiclayo, Trujillo y Callao, principalmente; esta última prácticamente unida a Lima. La zona oriental que participa en el Norte de la zona llana unida a la cuenca del Amazonas, y en el Sur de las estribaciones andinas en su descenso hacia las cuencas interiores, constituye un gran vacío demográfico. Tan sólo registra el 7,4 % de los efectivos totales y destaca débilmente el Departamento de Loreto, con su capital Iquitos.

Venezuela rompe en cierto modo los esquemas anteriores, en este caso su vida se orienta hacia el mar, es más caribeño; es cierto que los Andes pierden masividad en su territorio. Sin embargo también en este caso la llanura, unida al sistema del Orinoco, constituye una zona débilmente poblada. Su principal foco demográfico es el Distrito Federal de Caracas, que acoge el 14,3 % de la población; le siguen en importancia, aunque a distancia, algunos Departamentos costeros o próximos a la costa, ubicados en las estribaciones de la Cordillera Litoral; destacan, Aragua (Maracay), Carbobo (Valencia), Miranda (Los Teques), Nueva Esparta (Asunción) y Zulia (Maracaibo). En el centro del país, sistema del Orinoco ya mencionado y en el su serrano, apenas existen asentamientos significados y ambos espacios se pueden califar como un auténtico desierto demográfico.

Realmente la distribución de la población andina está muy marcada por dos espacios: la Cordillera y la Costa, adquiriendo la llanura interior un carácter marginado, por su tradicional insalubridad. En

DISTRIBUCION DE LA POBLACION: PERU

Departamentos	*Densidad*	*% respecto Población total*	*Departamentos*	*Densidad*	*% respecto Población total*
Tumbes	22	0,6	Ayacucho	11	3,0
Piura	34	6,6	*Centro*	36	47,2
Lambayeque	41	4,0	Cuzco	11	4,9
Cajamarca	29	6,1	Apurimac	15	1,9
La Libertad	41	5,7	Arequipa	11	4,1
Ancash	22	4,8	Puno	12	5,2
Norte	32	27,8	Moquegna	6	0,6
Huahuco	14	2,9	Tacna	9	0,8
Lima	140	27,9	*Sur*	11	17,6
Callao	–	2,6	Amazonas	6	1,5
Ica	20	2,6	Loreto	1	2,6
Pasco	9	1,3	Ucayali	1	1,2
Junin	19	5,0	San Martín	6	1,9
Huancavelica	16	2,0	Madre de Dios	0,4	0,2
Fuente: Anuario Agostini. Elaboración propia.			*Oriente*	2	7,4

estas unidades individualizadas los mayores efectivos se corresponden siempre con provincias, distritos o departamentos que cuentan con un centro urbano importante. En este caso el comportamiento de la población respecto de su movilidad espacial, responsable funda-mental de ese desequilibrio, es similar al del mundo desarrollado, si bien en este caso ni la ciudad tiene las mismas funciones, ni organiza de igual modo el territorio, ni el medio rural está tan minimizado, tal y como se explica a continuación.

DISTRIBUCION DE LA POBLACION: VENEZUELA

Estados y territorios generales	*Densidad*	*% respecto pobla. total*	*Estados y territorios generales*	*Densidad*	*% respecto pobla. total*
Anzoátegui	16	4,4	Monagas	13	2,7
Apuré	2	1,3	Nueva Esparta	17	11,4
Aragna	122	6,1	Portuguesa	28	2,9
Barinas	9	2,3	Sucre	48	4,0
Bolivar	3	4,7	Táchira	61	4,6
Carabobo	219	7,3	Trujillo	68	3,0
Cojedes	9	0,9	Yaracuy	44	2,1
Falcón	20	3,5	Zulia	26	11,5
Guárico	6	2,7	Amazonas	0,2	0,3
Lara	53	6,6	Delta Amacuro	2	0,4
Mérida	41	3,2	Dependencias Federales	–	–
Miranda	173	9,8	Distrito Federal	1.075	14,3
Fuente: Anuario Agostini. Elaboración propia.					

Los asentamientos en la América Andina

América Andina se caracteriza por la ocupación discontinua del territorio, un tipo de poblamiento en forma de islas tanto en el contexto rural como en el urbano. Ello es consecuencia de las fuertes restricciones que ha impuesto su medio natural, que ha jugado un papel decisivo sobre todo en las épocas históricas en que se produjo la fijación de los núcleos de población, y que sigue teniendo influencia en la actualidad no sólo en los enclaves que podemos considerar heredados del pasado, sino, en aquéllos que se han creado recientemente.

Esta peculiar disposición de los asentamientos en el espacio que nos ocupa, se asocia a sendos problemas de relación entre las diversas ciudades del sistema, debido, en gran medida, a la falta de una eficaz infraestructura de comunicaciones. Ambos aspectos (disposición de los asentamientos y deficiencias de comunicaciones) son los responsables de la inadecuada organización regional del espacio de estos países.

Sin negar el carácter restrictivo de la montaña andina, como se apunta con anterioridad, ésta fue considerada durante largo tiempo hasta el siglo XIX como un medio positivo que atrajo la implantación rural y urbana. En ella las condiciones climáticas eran más proclives a la ocupación agrícola, por sus temperaturas más frescas que las zonas bajas, generalmente pantanosas y en las que la malaria constituía un verdadero endemismo que hacía difícil la creación de núcleos urbanos y rurales de cierta importancia. Asimismo la montaña andina ofrecía yacimientos minerales, lo suficientemente significativos económicamente, para que se constituyeran en elementos fijadores de población. Se explica así la *urbanización prehispánica* (unidades preincas, incas) y la *urbanización colonial* que se asienta, bien sobre estas ciudades precedentes o acomete la implantación de nuevas fundaciones, asimismo, en las tierras altas, tal y como se ha señalado al explicar el reparto de la población.

A partir del siglo XIX y sobre todo en el actual, la montaña de los Andes se va perfilando, cada vez más como un elemento negativo, entrando en crisis la mayor parte de las ciudades y los asentamientos de las tierras andinas. El cambio de situación es consecuencia de una variedad de factores que van incidiendo sucesiva o simultáneamente a lo largo de esta etapa. En primer lugar se sanean las *tierras bajas* con el consiguiente retroceso y posterior supresión de la malaria; ello unido a la revolución de los transportes, a la movilización de recursos pesqueros y a la aproximación de nuevos sectores productivos vinculados al exterior, han revalorizado definitivamente la llanura y las áreas litorales, en detrimento de las tierras altas. De esta forma nacen o se dinamizan aquellos núcleos urbanos situados fuera de la montaña andina, sin embargo, pese a ello, todavía el altiplano tiene una significación demográfica y los asentamientos, sobre todo en las llanuras internas, acusan un carácter muy puntual.

Después de la Segunda Guerra Mundial, todo el conjunto andino sigue las pautas de un fuerte crecimiento y sobre todo de elevada concentración de la población en las ciudades. Este ritmo es tan fuerte que en el decenio 1950-1960, la población urbana aumentó a razón de casi un 6 % anual (5,8) en franca oposición al incremento de la población rural que solamente lo hizo a un ritmo de un 0,4 % anual.

A pesar de este espectacular crecimiento reciente, la mayor parte de las ciudades de la América Andina tienen una larga historia tras de sí, que se remonta a la época colonial e incluso precolonial, que le han dotado de algunas características, tanto morfológicas como funcionales que perviven en la época presente.

Modelos y proceso de urbanización

El proceso de urbanización ha sido precoz a la par que complejo, ya que no pueden ser olvidadas las ciudades de las altas culturas andinas (Tiahuanaco) o los poblamientos chibchas; las ciudades amuralladas preincaicas y las del Imperio Inca. Todas ellas dotadas de funciones religiosas, militares y administrativas, fuertemente influidas en su morfología por la topografía a la que forzosamente debían

	Población en 1950 (millones)		Población en 1975 (millones)	
	Total	*Urbana*	*Total*	*Urbana*
Bolivia	3,01	0,77 (26 %)	5,41	2,01 (37 %)
Colombia	11,68	4,20 (36 %)	25,89	15,98 (62 %)
Ecuador	3,22	0,91 (28 %)	7,09	2,95 (42 %)
Perú	7,97	3,26 (41 %)	15,32	8,74 (57 %)
Venezuela	5,14	2,83 (55 %)	12,21	10,06 (82 %)
América Latina	160,49	65,79 (41 %)	319,22	129,96 (60 %)

	Población en 1986 (millones)		% Crecimiento anual			
			1950-1975		1975-1986	
	Total	*Urbana*	*Total*	*Urbana*	*Total*	*Urbana*
Bolivia	6,4	3,0 (47 %)	3,18	6,4	1,68	4,5
Colombia	30,0	20,1 (67 %)	4,86	11,2	1,44	2,34
Ecuador	9,6	4,32 (45 %)	4,80	8,96	3,21	4,25
Perú	20,2	13,3 (66 %)	3,74	6,7	2,89	4,74
Venezuela	17,8	13,5 (76 %)	5,50	10,2	4,1	3,1
América Latina	418	278,8 (66,7%)	3,95	7,7	2,81	4,04

Fuente: Castells "Crisis urbana y cambio social". Información 1950-1975. World Population Data Sheet, información de 1986. Elaboración propia.

adaptarse. Estas ciudades precoloniales llegaron hasta el piedemonte oriental de los Andes.

No obstante la mayoría de las ciudades datan de la época hispánica, el siglo XVI es prolífico en fundaciones urbanas, muchas de las cuales son las ciudades más importantes del siglo XX, es el caso de Lima (Perú), Bogotá y Cartagena (Colombia), Guayaquil y Quito (Ecuador), Caracas, Maracaibo y Mérida (Venezuela), La Paz, Cochabamba y Potosí (Bolivia). Unas son ciudades litorales y otras en tierras altas que por lo común han aprovechado el emplazamiento de ciudades prehispánicas, un caso significativo es el de Cuzco, que a la llegada de los españoles era uno de los centros más importantes del Imperio Inca. Es evidente que los españoles aprovecharon además de la infraestructura urbana preexistente, la organización administrativa y militar de estos centros, así como las posibilidades económicas que ofrecía la concentración relativamente importante de mano de obra

indígena. Desde el siglo XVI al siglo XVIII se siguen fundando ciudades que extienden la urbanización colonial a la mayor parte del territorio andino, allí donde se apoyan en antiguas ciudades indígenas se remodelan para adaptarlas formal y funcionalmente a las necesidades de los colonizadores. El antiguo centro religioso es convertido en Plaza Mayor y en área residencial de alto rango, mientras que fuera del recinto urbano se construyen los arrabales indígenas o chimbas.

Otras ciudades hispánicas tienen su origen en la reducción de la población rural dispersa, reproduciendo la misma diferenciación espacial y social que las anteriores, puesto que repetirán hasta finales del siglo XIX el plano regular ajedrezado, cuyo centro la Plaza Mayor y el área alrededor de ésta, organizaban la vida administrativa y comercial, formando un centro cívico de gran peso en toda la organización de la ciudad. En los arrabales se asentaban poblaciones con menores ingresos para enlazar con un paisaje suburbano de quintas.

Ocupación agrícola
en Perú.

POBLACIÓN TOTAL Y URBANA DE LOS PAISES DE LA AMÉRICA ANDINA EN 1975

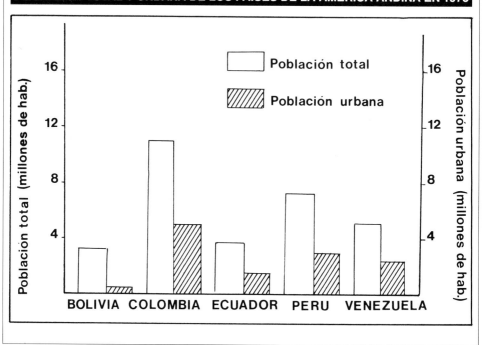

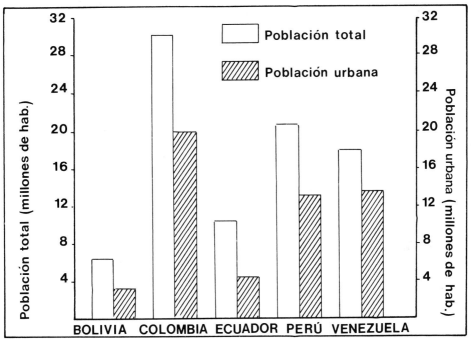

POBLACIÓN TOTAL Y URBANA DE LOS PAISES DE LA AMÉRICA ANDINA EN 1986

A pesar de que las fundaciones fueron numerosas, muchas de ellas no han pervivido hasta nuestros días en su emplazamiento primitivo, algunas han sido ciudades inestables, que debido a destrucciones y seísmos hubieron de ser fundadas repetidamente en lugares más seguros, como Riobamba (Ecuador) o Trujillo (Venezuela). Otras desaparecieron definitivamente, mientras que un número menor, a pesar de las destrucciones y las catástrofes, han sido reiteradamente reconstruidas en sus lugares originarios o fundacionales.

Este proceso de urbanización ha generado dos modelos muy claros de ciudades en la América Andina. Por una parte, las ciudades orientales básicamente a la explotación y organización de los recursos naturales y humanos del interior de las regiones o espacios en que se encuentran ubicadas, son las *ciudades andinas o interiores*; y por otra las ciudades litorales, vinculadas en su base económica a las potencias coloniales, y que han sido, y son aún, los agentes de penetración de estas potencias foráneas. Estas últimas mantienen relaciones funcionales con las ciudades andinas, siendo a la vez los vehículos de exportación de materias primas hacia las metrópolis en la época colonial y hacia los países fuertemente industrializados en la actualidad. Existen, así pues, una serie de relaciones de dependencia entre las ciudades de los países industrializados y las ciudades litorales de la América Andina que a su vez ejercen un grado de dominación sobre las ciudades interiores.

Las ciudades andinas tuvieron su época dorada en la época colonial porque gran parte de ellas nacen como respuesta a las necesidades económicas de la época, la explotación agraria y ganadera, después se convirtieron en centros de servicios para las comarcas, asociando a la función económica otras, como la administrativa, política, cultural, etc. Así pues podemos diferenciar dos grandes grupos de ciudades ligadas a la función económicamente dominante que las ha generado. Un grupo de ciudades andinas han correlacionado su desarrollo urbano con el desarrollo agrícola apoyado en suelos fértiles. Así pues se han constituido en ciudades sede de las clases dirigentes del mundo rural y en centros de servicio de las áreas agrícolas en que se ubican. En ellas han pervivido hasta la actualidad ferias y mercados de periodicidad constante (San Cristóbal, Trujillo). Estas ciudades se han visto estimuladas por la exportación de productos tropicales a los países europeos (café, cacao), incluso algunas como Manizales, han nacido en emplazamientos poco favorables, por sus riesgos naturales, pero ligados a la expansión de los cafetales.

Otro grupo de ciudades andinas han surgido como núcleos urbanos de apoyo a las explotaciones mineras, en una primera etapa asociadas a la extracción de la plata o el oro; al decaer estos recursos, algunas ciudades desaparecen y otras perviven como centros de servicios. En una segunda etapa se generaron nuevas ciudades basadas en la explotación del estaño, hierro y cobre, necesarios en la industrialización de los países desarrollados. Su evolución ha sido paralela a la sufrida por la producción del mineral, del que son subsidiarias. La realidad es que muy pocas ciudades surgidas como enclaves mineros, han mantenido un crecimiento constante y se han consolidado como centros importantes. Con frecuencia son espacios urbanos con fuerte segregación social, en los que coexisten barrios de alto nivel en los que residen funcionarios y dirigentes extranjeros junto a barriadas en las que viven los empleados nacionales y a espacios urbanos que son verdaderos campamentos obreros.

El siglo XIX con las transformaciones económicas y la necesidad de nuevos recursos, sienta las bases de la decadencia de gran parte de las ciudades andinas, algunas de las cuales sólo volverán a regenerarse, aunque de forma parcial, en el siglo XX, con el desarrollo del ferrocarril y la construcción de ciertas vías de penetración, y más recientemente con los efectos de la acción de "desenclave" ejercida por las comunicaciones aéreas, que las han convertido en enclaves modernos ligados directamente a actividades extra andinas, mediante la movilización de recursos petrolíferos, pecuarios o forestales. Todas ellas sufren graves problemas de equipamiento y de vivienda debido a su

reciente crecimiento incontrolado como veremos posteriormente cuando planteemos sus problemas actuales.

Las ciudades litorales también han tenido origen colonial, pero al contrario que las andinas, han conocido en su evolución un desarrollo y crecimiento constantes. No han sufrido la decadencia de las ciudades interiores, pues desde su origen han acaparado una mayor pluralidad de funciones. Además de la función económica básica de asegurar los intercambios comerciales con la metrópoli, también han acogido a los propietarios de la tierra, son la sede del conjunto de actividades terciarias que organizan el espacio y, finalmente, los lugares de asentamiento de una industria, que aunque muy reciente, ha crecido espectacularmente y ha generado un fuerte dinamismo económico en ellas.

Son las que concentran las actividades modernas en oposición a aquellas interiores, unas ancladas en actividades vinculadas al sector primario agrícola o minero, otras convertidas en centros de servicio de escasa capacidad de organización de su territorio circundante.

La necesidad de comunicación entre ambos grupos de ciudades descritas, ha llevado al crecimiento de *núcleos en las rutas de unión*, estableciéndose así un pasillo de asentamiento urbano, cuya finalidad principal ha sido establecer la conexión entre las ciudades andinas entre sí y con las litorales, a la que se añade el objetivo de abrir ejes de comunicación eficaces entre el Caribe y el Pacífico. Las ciudades de Popayan, Pasto y Cali surgen como elementos de comunicación entre Quito (Ecuador) y el resto de las ciudades colombianas del Valle del Cauca (Manizales, Medellín). Por otra parte, las *zonas de contacto* entre los diversos espacios geográficos han favorecido el crecimiento de ciudades, que aprovechan las ventajas de la complementariedad económica. De este tipo son las situadas en el piedemonte, surgidas entre los Andes y el llano, es el caso de Santa Cruz en Bolivia, Villavicencio en Colombia o Acarigue en Venezuela. Algunas ciudades surgidas en áreas de contacto y apoyadas en una economía de trashumancias ganaderas, actualmente están en completa decadencia, debido a su alejamiento de las modernas vías de comunicación (ferrocarril y carreteras).

En definitiva el proceso de urbanización de la América Andina ha sido largo, complejo, variado y cambiante y aún se está lejos de contar con una red urbana jerarquizada y animada de los suficientes flujos de relación capaces de articular y movilizar eficazmente los recursos de su territorio.

El sistema o sistemas urbanos

Las ciudades son los elementos que organizan el territorio; de aquí que tenga enorme importancia la disposición de estas en el espacio, así como el tamaño, las funciones y el área de influencia de cada una. Una organización eficiente requiere un sistema urbano, en el que exista un número pequeño de grandes centros (más de un millón de habitantes), que serán los elementos que comunican un sistema regional (América Andina) o nacional (Venezuela, Colombia, etc.) con el resto del mundo. A través de ellas se canalizan y difunden las innovaciones tomadas del exterior, organizan el territorio apoyadas en ciudades pequeñas, capitales comarcales (más de diez mil habitantes). Esta red de metrópolis nacionales, regionales y comarcales ha de ser capaz de organizar todo el territorio de un país o conjunto de países.

El sistema urbano de la América Andina y los respectivos sistemas nacionales están lejos de acercarse a la disposición y jerarquía equilibrada. En el conjunto andino la población de la ciudad mayor, normalmente la capital de cada estado, excede la cifra de población que cabría esperar en una distribución equilibrada; existe, pues, una *hipertrofia clara de las capitales* nacionales. Esta sobreurbanización de las ciudades de primer orden, ejerce efectos negativos en el desarrollo de las ciudades de segundo orden o capitales regionales, pero sobre todo en las capitales comarcales.

Las capitales de los estados se han convertido en los centros de atracción por excelencia de las naciones respectivas, mediante un proceso migratorio que de las áreas rurales llega a las grandes ciudades a través de las ciudades *pequeñas*, y más

recientemente directamente del medio rural a la capital. Es evidente que las áreas metropolitanas de las capitales detentan un enorme porcentaje de la población total del país, en torno al 15 % en La Paz (Bolivia) y Bogotá (Colombia) y alrededor del 20 % en Caracas (Venezuela) y Lima (Perú), llegando casi al 25 % entre Quito (capital administrativa) y Guayaquil (capital económica) en Ecuador.

Bogotá, Caracas y Lima superan los tres millones de habitantes, que con sus áreas metropolitanas rebasan ampliamente los cuatro millones. Las tasas de crecimiento de las ciudades citadas superan considerablemente las del resto de las áreas urbanas, todas ellas por encima del 3 % anual, alcanzando algunas (Bogotá o Guayaquil), tasas cercanas al 7 % anual. Este extraordinario dinamismo se mantiene por la inmigración constante y la propia dinámica natural de la población joven que vive en estas ciudades millonarias.

La hegemonía de las metrópolis nacionales es consecuencia de la acaparación de funciones. Ellas asumen las propias de la capitalidad de un Estado con todos los centros de toma de decisión (ministerios y organismos oficiales); son igualmente las ciudades en las que se asientan las sedes sociales de las empresas industriales, tanto nacionales como extranjeras, y las que canalizan los flujos financieros que necesitan o generan estas. Es evidente que las industrias se benefician de un mercado amplio de consumo en la propia ciudad, de una mayor disponibilidad financiera y de buenas relaciones con el exterior, tan necesarios para el aprovisionamiento de materias en el proceso de producción y para dar salida a las manufacturas. A las funciones política, financiera e industrial se añade la de ser lugar de residencia de propietarios o rentistas de las grandes haciendas, lo que aumenta protagonismo de las capitales en detrimento del resto de las ciudades.

La primacía de las metrópolis nacionales es generalizada en la mayor parte de los países andinos; no obstante el peso es diferente en cada país. Es casi absoluta en el caso de Lima (Perú). La ciudad acoge todos los poderes públicos de dirección, incluido la de la firma del Acuerdo de Cartagena (Pacto Andino); es sede de la

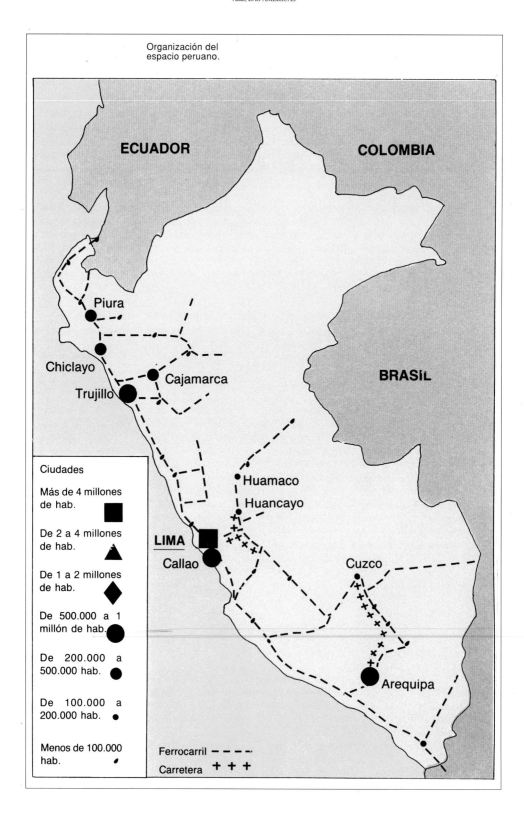

Organización del
espacio peruano.

ECUADOR

COLOMBIA

BRASİL

Piura

Chiclayo

Cajamarca

Trujillo

Huamaco

Huancayo

LIMA

Callao

Cuzco

Arequipa

Ciudades

Más de 4 millones
de hab.

De 2 a 4 millones
de hab.

De 1 a 2 millones
de hab.

De 500.000 a 1
millón de hab.

De 200.000 a
500.000 hab.

De 100.000 a
200.000 hab.

Menos de 100.000
hab.

Ferrocarril − − −

Carretera + + +

Organización del
espacio venezolano.

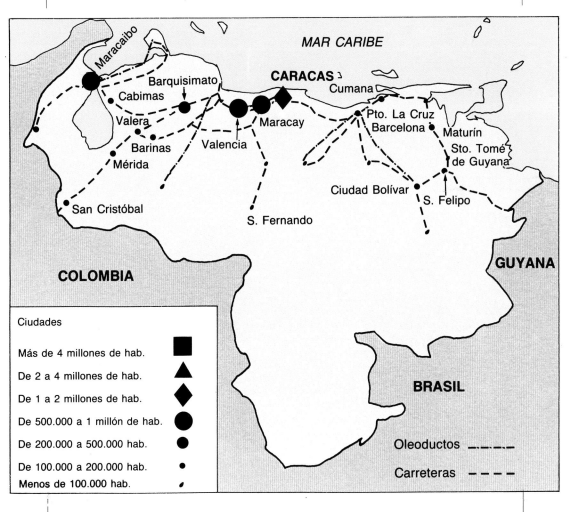

MAR CARIBE

Maracaibo
Barquisimato
Cabimas
CARACAS
Cumana
Valera
Maracay
Pto. La Cruz
Barcelona
Maturín
Barinas
Valencia
Sto. Tomé de Guyana
Mérida
San Cristóbal
S. Fernando
Ciudad Bolívar
S. Felipo

COLOMBIA

GUYANA

BRASIL

Ciudades

Más de 4 millones de hab. ■

De 2 a 4 millones de hab. ▲

De 1 a 2 millones de hab. ◆

De 500.000 a 1 millón de hab. ●

De 200.000 a 500.000 hab. ●

De 100.000 a 200.000 hab. •

Menos de 100.000 hab. ·

Oleoductos ─ ·· ─ ·· ─

Carreteras ─ ─ ─ ─

mayoría de los bancos peruanos. Junto con su puerto de El Callao concentra más de los 2/3 de la mano de obra industrial y la mitad de los cuadros directivos del país; genera más del 75 % de las transacciones comerciales y financieras y más del 80 % de los negocios industriales.

La acción centralizadora es también evidente en el caso de Caracas, capital del estado venezolano, basta señalar que el 20 % de la población total del país vive en la ciudad y en su área metropolitana y más de la tercera parte de sus habitantes han nacido fuera de ella, lo que pone de manifiesto su influencia en el territorio y la fuerte atracción que ejerce, que se plasma en su constante crecimiento. Además detenta pluralidad de funciones, aunque primordialmente es una ciudad administrativa y de servicios, no en vano los 2/3 de su población activa trabajan en el sector terciario (comercio, banca, transportes, administración pública, sedes sociales). No obstante, aunque las actividades terciarias sean las predominantes, Caracas acoge en la actualidad la sede de la mitad de las industrias ligeras del país, ocupando un papel importante en el contexto nacional por su función industrial. Recientemente va perdiendo parte de su protagonismo a favor de otras ciudades venezolanas, no obstante sigue manteniendo su hegemonía en la actualidad.

La preponderancia es muy importante, aunque compartida, en el caso de Ecuador, donde Quito (capital administrativa) y Guayaquil (capital económica), organizan el territorio del país. Este hecho es la consecuencia de los problemas de comunicación de Quito con el resto del territorio y particularmente con el litoral; situada en un sector muy accidentado de la Cuenca Andina, se ha mantenido excesivamente aislada para poder erigirse en el núcleo económico director. Por el contrario la ciudad de Guayaquil, ha contado con los beneficios derivados de su situación portuaria que le han llevado a erigirse como centro económico de alcance nacional.

La hipertrofia de la capital es relevante también en La Paz (Bolivia). La aglomeración es la más dinámica por su crecimiento demográfico acoge actualmente el 15 % de la población nacional. Es la sede de todo el aparato gubernamental excepto

el Tribunal Supremo que pervive en la antigua capital (Sucre), es asimismo sede administrativa comercial y financiera y la de mayor número de funciones urbanas.

El caso de Bogotá, capital del estado de Colombia es ligeramente diferente. A pesar de su fuerte incremento, su peso en el contexto urbano del país es moderado y su hegemonía como centro rector, está menos matizada que en las ciudades analizadas con anterioridad. Bogotá une a las funciones administrativas la industrial, constituyéndose en el primer centro del país; sin embargo el aislamiento geográfico (situada en la Cordillera Oriental a 2.600 metros de altitud), y la deficiencia de materias primas locales han constituido un problema en la evolución de este sector económico. Su influencia en el contexto nacional se ha visto contrapesada por la existencia de otras ciudades de fuerte crecimiento demográfico y económico (Medellín o Barranquilla), que han asumido unas funciones regionales claras.

Además de las capitales, destacan en el sistema urbano andino por su dinamismo y crecimiento algunos núcleos portuarios como Maracaibo (Venezuela), Barranquilla y Cartagena (Colombia), Callao y Chimbote (Perú). La primera de ellas ha multiplicado su población por cuatro en los 20 años que median entre 1940 y 1960. Ha servido de ciudad central para la población que ha sido atraída por los campos petrolíferos próximos, que empiezan a explotarse a partir de 1920 y han convertido a Maracaibo en la segunda ciudad de Venezuela después de Caracas, en la que se combinan una variedad de funciones (comerciales, administrativas, industriales y universitaria). Barranquilla y Cartagena son puertos de importancia de Colombia; el primero fue históricamente el elemento de unión entre la navegación fluvial (desembocadura del río Magdalena) y la marítima, en la actualidad su crecimiento se apoya en la actividad portuaria y en un fuerte desarrollo industrial (petroquímica, industrias alimenticias). De forma semejante Cartagena se ha convertido en uno de los principales centros industriales del país (terminal de oleoductos y refinerías).

Callao y Chimbote en el Perú, unen a sus funciones comerciales las industriales, en el caso de Chimbote circunscrita a la actividad siderúrgica y a la industria derivada de la actividad pesquera. El crecimiento de estas ciudades portuarias ha sido tan rápido que ha generado, lo mismo que en las capitales nacionales, un crecimiento anárquico y graves problemas de alojamiento y equipamiento urbano.

En el interior solamente algunas ciudades participan de este dinamismo, como Iquitos (Perú) o Santa Cruz en el interior boliviano. En ellas también se asocian los recursos petrolíferos a aquellos tradicionales (pecuarios, agrícolas o mineros). Ciudades como Santa Cruz han tenido crecimientos cercanos al 7 % anual, semejantes e incluso superiores a las capitales nacionales).

El resto de las ciudades del ámbito andino (regionales o comarcales) no presentan ese dinamismo, generalmente son núcleos generadores de emigración hacia estos ámbitos urbanos de desmedido crecimiento; cada uno de ellos tiene muy diferente significación en laorganización del territorio, en relación con su situación, actividad económica, relación con el resto de las ciudades y ámbito territorial de cada país

Por su población, alcance de sus funciones, crecimiento y organización espacial de las ciudades en la América Andina podemos distinguir tres grupos de países. En primer lugar los estados en los que su *sistema urbano es equilibrado*, presentan la metrópoli nacional y una serie de ciudades de segundo orden que si bien están subordinadas a la capital, sí desarrollan un abanico bastante complejo de funciones terciarias e industriales; es el caso de Colombia que a la capital nacional une una serie de metrópolis (Medellín, Cali, Barranquilla) que son capaces de erigirse como centros rectores y organizar una vida regional, unas veces autónoma y otras subsidiaria de la capital nacional. Asimismo cuenta con una importancia relativa de ciudades de menor población y funciones, que articulan un sistema urbano equilibrado.

Un segundo tipo de sistemas urbanos carece de este abanico de ciudades capaces de establecer el nexo entre la capital y el resto del territorio. Si bien es verdad que existen ciudades de menor volumen de población, que podían servir de metrópolis

regionales, éstas no presentan un abanico tan amplio de funciones como las que existían en las ciudades regionales colombianas, y sobre todo carecen de ciertas funciones, de dirección, que las incapacita como centros de decisión económica, que recae totalmente en la capital de la nación. Sería el caso de Venezuela y Perú, donde las ciudades secundarias (Maracaibo o Arequipa) no ejercen ninguna función de gestión de sus actividades económicas.

Por último, en Ecuador y Bolivia, nos encontramos con un tercer tipo de sistema urbano, caracterizado por la carencia de ciudades intermedias con suficientes funciones para una buena organización regional, e incluso faltan centros de alcance comarcal, con una red urbana totalmente desarticulada.

Estructura interna de las ciudades

Las ciudades de la América Andina presentan en su estructura una serie de características comunes. En todas ellas destaca la gran extensión superficial que ocupa su tejido urbano, en el que las casas individuales cubren amplias superficies. Son ciudades más difusas y mucho menos concentradas que las europeas. Su espacio urbano se organiza en tres conjuntos claramente diferenciados, tanto morfológica como socialmente: el centro tradicional, los barrios residencias y las áreas de asentamientos espontáneos o ilegales.

El *centro* de las ciudades se corresponde con la aglomeración que ocupaba la ciudad en la época colonial, aunque debido a la evolución posterior, los núcleos que conservan la arquitectura colonial en su totalidad son raros. El centro actual se ha reorganizado y adolece de problemas semejantes a los de los cascos históricos de las ciudades europeas. En él perviven las construcciones antiguas, degradadas en mayor o menor medida, convertidas en comercios y en oficinas o bien en áreas de residencia de la población de escaso poder adquisitivo; junto a éstos se han abierto nuevas vías a expensas de las antiguas construcciones coloniales, en las que irrumpen rascacielos y edificios modernos que en las ciudades más dinámicas concentran la función administrativa, finan-

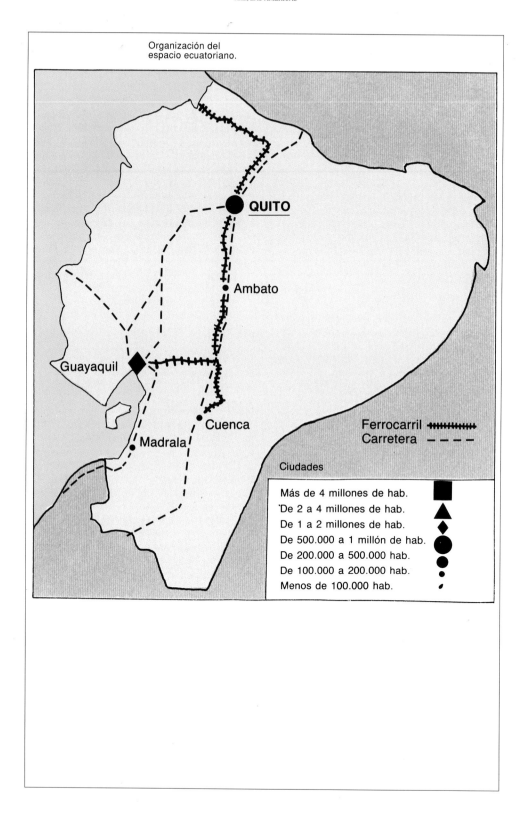

Organización del
espacio ecuatoriano.

QUITO

Ambato

Guayaquil

Cuenca

Madrala

Ferrocarril
Carretera

Ciudades

Más de 4 millones de hab.
De 2 a 4 millones de hab.
De 1 a 2 millones de hab.
De 500.000 a 1 millón de hab.
De 200.000 a 500.000 hab.
De 100.000 a 200.000 hab.
Menos de 100.000 hab.

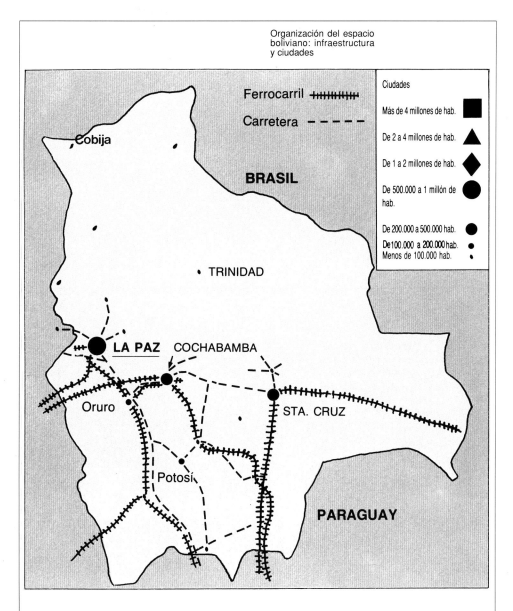

Organización del espacio
boliviano: infraestructura
y ciudades

ciera y comercial de la ciudad, erigiéndose como verdaderos C.B.D. o centros de negocios. Es característico de estas áreas centrales que la clase obrera, e incluso la población marginal, resida hacinada en viviendas de alquiler, formando barrios densamente poblados y profundamente degradados.

Junto a este centro deteriorado como área residencial y remodelado para funcio-nes administrativas, las ciudades andinas presentan unos *barrios residenciales* de clase media y alta, que ocupan una posi-ción exterior al centro urbano, que al ser invadido por las zonas industriales y barrios pobres, han sido cada vez más ale-jados hacia el exterior. No obstante la dis-posición está ligada a las condiciones par-ticulares de cada ciudad. En Lima, los barrios residenciales de alta calidad se emplazan al Sur de la ciudad (barrio de San Isidro, Miraflores o Barranco). En Bogotá ocupan el Norte de la ciudad (El Chicó); en Quito en el noroeste (barrios de Mariscal, Sucre, Simón Bolivar, etc.) y las colonias de Bello Monte o Cumbres de Curumo en Caracas.

Mientras que las clases media y alta están alojadas satisfactoriamente en los barrios residenciales ricos, la clase obrera y la población marginal ocupan en alquiler los sectores más degradados del centro histórico (minoría) y la gran mayoría se instala en los asentamientos ilegales periféricos. Estos son un tipo de *hábitat espontáneo*, en el que se suceden una serie de barracas construidas con materiales muy diversos y de baja calidad, sin ninguna disposición marcada, sin calles, sin equipamientos ni infraestructura mínima, y por supuesto en situación jurídica ilegal. El hábitat espontáneo presenta condiciones de mayor precariedad que las viviendas de los obreros del centro de la ciudad, pues estos últimos, aunque en viviendas ruinosas y fuertemente hacinados, tienen, aunque insuficientes, ciertos servicios (agua corriente, alcantarillado y electricidad), de los que carecen totalmente los habitantes subintegrados.

El rápido crecimiento de la población urbana y la inmigración incontrolada a las grandes ciudades, ha ejercido una demanda exagerada de alojamientos que sólo han podido cubrirse con estas urbanizaciones ilegales. Estas se asientan fuera de los espacios urbanos, en parcelas abandonadas o en lugares en que las condiciones son lo suficientemente adversas para que no se hayan expandido los barrios residenciales o las zonas industriales (laderas abruptas, zonas pantanosas), en ocasiones ocupan terrenos con facilidad de urbanización, que al ser finalmente alcanzados por la expansión de la ciudad obligarán a desplazarse hacia otros lugares a este hábitat subespontáneo. Así pues, se pueden distinguir zonas de hábitat espontáneo antiguas que son fijas, porque ocupan espacios prácticamente inútiles para la urbanización, y hábitats espontáneos temporales e itinerantes que se van desplazando según avanza la trama urbana.

Las ciudades de América Andina presentan grandes extensiones de asentamientos ilegales, los "ranchos" venezolanos, las "barriadas" o los "pueblos jóvenes" de Perú. Se estima que entre el 40 y el 60 % de la población de las grandes ciudades andinas se asienta en hábitats subintegrados. La situación es tan seria que ha atraído la atención de los poderes públicos, que intentan consolidar este hábitat con planes de creación de infraestructura y mejora de la vivienda, puesto que la erradicación de este tipo de hábitat, en las condiciones de estos países, es prácticamente imposible.

Los problemas urbanos

La rapidez del proceso de urbanización con la consiguiente acumulación de población en las ciudades de la América Andina, ha excedido en mucho la capacidad de absorción de la economía urbana, creando enormes desajustes que se traducen en graves problemas de desempleo, o de empleo en actividades de economía sumergida. La incorporación a las ciudades ha sido muy superior a la capacidad de sus economías industriales para absorber mano de obra. Por tanto crecimiento demográfico ha incrementado notablemente el sector servicios, de hecho, las actividades terciarias ofrecen más de la mitad de los empleos urbanos disponibles, acercándose en la relación empleo en servicios y empleo en la industria, a la de sociedades como la norteamericana, donde su desarrollo económico ha permitido el avance del sector servicios. Pero al contrario que en Estados Unidos, el terciario de las ciudades de la América Andina se vincula a la enorme burocracia urbana de la administración de los estados (ministerios) y gobiernos locales. Se encuentra ligado también a aquellos servicios de mantenimiento de infraestructuras (agua, alcantarillado, teléfonos, autobuses, metros, etc.), y al comercio al por menor. Gran parte del empleo depende de los llamados servicios subordinados y de las industrias de pequeña *escala*. Realmente son industrias y servicios que requieren nueva mano de obra y que tienen baja productividad (artesanía, comercio ambulante, servicio doméstico, vigilancia, limpieza calles), generándose un "sector terciario de refugio" o de escasa cualificación. De esa forma gran parte de la población urbana vive del trabajo en varios empleos escasamente pagados, que generalmente son eventuales, e incluso en el peor de los casos estos subempleos se completan con la mendicidad y otras actividades marginales (venta drogas). La realidad en estas ciudades es que coexisten *empleo, subempleo y desempleo*, pudiendo pasarse de una a otra de estas situaciones en un pequeño período de tiempo, lo que hace que las ciudades se caractericen por el alto volumen de sus *poblaciones marginales*.

El crecimiento urbano asociado a una industrialización deficiente y a un fuerte subempleo y desempleo, ha sido responsable del problema de la *carencia* y la aparición de *viviendas de ínfima calidad*. La situación es tan dramática que en los años 80 en Venezuela y Colombia el déficit de viviendas populares llegaba a 600.000, alcanzándose el millón de alojamientos en Perú. En estos países sólo la clase media y alta con un empleo fijo y suficiente seguridad laboral tienen posibilidades de acceder a los créditos necesarios para comprar en áreas legalmente constituidas. Incluso muchos programas de viviendas son promocionados por grupos o asociaciones laborales, lo que excluye automáticamente a aquellas personas que están en condiciones de desempleo o tengan un subempleo en economía sumergida.

La demanda de alojamientos baratos se ha cubierto mediante alquiler o adquisición de casas deterioradas en los cascos centrales o en lugares inmediatos a ellos, los "corralones" peruanos; las "casas de vecindad" ecuatorianas y venezolanas y las "casas de inquilinato" colombianas. Son alojamientos carentes de espacio, porque se ocupan por familia una o dos habitaciones procedentes de la fragmentación de las casas, contando con ciertos servicios higiénicos, aunque por supuesto insuficientes. Este tipo de alojamiento es una solución que alcanza su máximo desarrollo en los años 40.

Con esta situación se ha producido otro de los problemas que afectan en gran medida a las ciudades del mundo andino, el *progresivo deterioro de su casco central*, presentando una mezcla poco armónica de casas unifamiliares deterioradas y de vecindad; junto a ellas edificios de rascacielos dedicados a actividades de servicios y solares retenidos por los propietarios ante la expectativa de revalorización de los precios. Ante el progresivo deterioro se ha procedido en los diferentes países a planes de remodelación de ciertos sectores del casco tradicional. Desde finales de los años 40 se han renovado múltiples ciudades de la América Andina. Las primeras iniciativas en los años 40 se centraron en la ciudad de Caracas, se puede decir que a partir de 1970 la remodelación alcanza a los centros de las principales ciudades. Sin embargo, esta renovación no ha supuesto preservaciones de las construcciones coloniales, salvo en algunas contadas ciudades, entre las que se cuenta Quito. No obstante se han recuperado amplios sectores que estaban en avanzado estado de deterioro.

La situación de deterioro y congestión de los cascos centrales y la necesidad de viviendas, junto con la progresiva utilización del automóvil, han desplazado el hábitat hacia la periferia de las grandes ciudades, apareciendo una *ciudad dispersa* y con fuerte *discontinuidad* de los espacios urbanizados. Supone un problema importante, por su alto coste económico para la dotación de infraestructura (alcantarillado) y de servicios públicos (agua, luz) y transportes que vinculen entre sí los diferentes hábitats discontinuos y a éstos con el centro de la ciudad. Como pone de manifiesto Cunill, la población de las diez ciudades venezolanas más importantes se ha multiplicado por cuatro en veinticinco años, mientras que el área urbana que ocupan las viviendas ha aumentado ocho veces; siendo la situación en Colombia y en Perú semejante. Todo lo expuesto ha creado bastantes anomalías en el trazado urbano, e importantes problemas de comunicación, por falta de controles de zonificación para canalizar la expansión urbana.

Alojamientos particulares de esta ciudad dispersa son los "poblamientos marginales" o "hábitats subintegrados". Estos poblamientos (ranchos venezolanos o barriadas peruanas), normalmente son ilegales pues se produce la invasión sin ningún título, propiedad o alquiler, sobre la tierra en que se asientan. Han pasado a ser

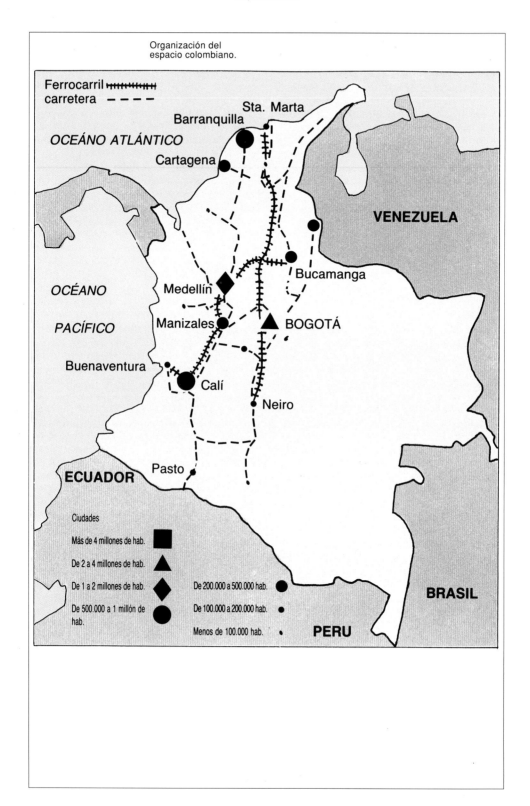

Organización del espacio colombiano.

Ferrocarril

carretera

Sta. Marta

Barranquilla

OCÉANO ATLÁNTICO

Cartagena

VENEZUELA

OCÉANO

Medellín

Bucamanga

PACÍFICO

Manizales

BOGOTÁ

Buenaventura

Calí

Neiro

ECUADOR

Pasto

Ciudades

Más de 4 millones de hab.

De 2 a 4 millones de hab.

De 1 a 2 millones de hab.

De 200.000 a 500.000 hab.

BRASIL

De 500.000 a 1 millón de hab.

De 100.000 a 200.000 hab.

Menos de 100.000 hab.

PERU

elementos urbanos significativos después de 1945. Hasta 1950 se hallaban restringidos a las principales metrópolis, actualmente alcanzan otros centros urbanos. A partir de 1970 el hábitat subintegrado acoge un porcentaje muy elevado de la población de las ciudades andinas. En general la tercera parte de la población de éstas vive en los diversos tipos de hábitat espontáneo (llega al 40 % en Lima), previéndose que la población que se instala en este tipo de hábitat, lo va a hacer a mayor ritmo que el de crecimiento de la población urbana. El proceso de invasión puede ser pacífico o violento; en cualquier caso el terreno invadido se divide en lotes que son distribuidos y en cuyo terreno se construye una vivienda o choza de materiales de escasa consistencia. En ocasiones son agencias inmobiliarias las que conceden las parcelas, de las que carecen de títulos, y que por supuesto, no reúnen los servicios necesarios, estableciendo ilegalmente a miles de familias.

Las condiciones sociales en estas "barriadas" son muy malas. La carencia de servicios básicos genera múltiples enfermedades. Los escasos ingresos familiares, con fuerte desempleo y subempleo, llevan a la marginalidad y a la delincuencia y a un alto grado de analfabetismo, que condiciona de alguna forma su pervivencia dentro del círculo de la pobreza y hace casi imposible la permeabilidad social hacia clases superiores.

El crecimiento espectacular de los asentamientos ilegales en las dos últimas décadas, es consecuencia de la incapacidad de las clases obreras y los inmigrantes para obtener un empleo fijo ante la reducida oferta, que les permita el acceso a la propiedad, y a la escasez de los fondos públicos necesarios que pudieran proporcionar viviendas a los barraquistas y a las nuevas familias que quieran instalarse en las ciudades. Existen ciertas iniciativas de planes de vivienda pública a gran escala, para erradicar ciertos alojamientos situados en emplazamientos peligrosos (zona de inundación o de deslizamientos), mediante ubicación en nuevos edificios. La única representativa ha sido la solución venezolana, que ha acometido la construcción de superbloques de edificios multifamiliares. Se comienzan en 1954 con la

intención de erradicar los "ranchos" construyéndose el conjunto "23 de enero" que aloja a más de 100.000 habitantes y el "Carimo" que acoge a más de doscientas mil personas. La realidad es que se han deteriorado por falta de mantenimiento y siguen subintegrado, pues presentan serios problemas de comunicación con el centro de Caracas.

La solución venezolana es muy costosa y no se ha extendido al resto de las ciudades de la América Andina; donde se ha optado por utilizar el modelo seguido por el Banco Mundial, de ayuda a la consolidación y al mejoramiento de estos hábitats subintegrados. La iniciativa oficial reconoce en primer lugar el derecho de propiedad de los pobladores de estas áreas; posteriormente se procede al equipamiento de las "barriadas", con el abastecimiento de agua potable, construcción de alcantarillado, llegada del alumbrado público y domiciliario, instalándose finalmente transporte colectivo que articule este sector urbano y el resto de la ciudad. Además del ordenamiento de estos sectores marginales se suelen conceder créditos públicos para acometer la mejor de las condiciones internas de la vivienda.

Ciertas iniciativas públicas preparan espacios parcelados y con dotaciones de servicios con la intención de atraer hacia ellos, las construcciones de las clases menos dotadas en situación jurídica legal y con dotaciones mínimas. En estas ciudades la consolidación de los asentamientos ilegales es un hecho porque muchos de ellos tienen una larga tradición de cambio dinámico y mejora. Además de las iniciativas oficiales, surgen espontáneamente organizaciones comunitarias que piden su reconocimiento, los títulos de la tierra, la infraestructura e incluso, servicios de mayor calidad (escuelas, hospitales, centros sociales). Así, poco a poco, las primitivas viviendas vienen siendo sustituidas por otras mejor construidas y en el transcurso del tiempo terminan siendo zonas urbanas, dotadas de servicios y plenamente consolidadas. Se ha pasado de una política de erradicación hacia una de consolidación, distinguiéndose según las fases "hábitats subintegrados" en fase incipiente, en fase de consolidación y plenamente consolidados.

La rapidez del proceso de urbanización, unido a la falta de planificación y programas públicos, ha desembocado por una parte en un urbanismo incontrolado y asimismo en grandes *deficiencias de equipamiento y de servicios urbanos*. El equipamiento sólo abastece auna parte de la población; el resto carece de agua potable, de alumbrado, de canales de eliminación de aguas residuales y de basuras, y por supuesto, de transportes públicos. El abastecimiento de agua potable es uno de los problemas más graves en las ciudades localizadas en las regiones áridas (costa peruana), donde el agua es revendida a precios muy altos; sin llegar a estos extremos en el mejor de los casos, en Colombia el 34 % de la población urbana no tiene servicio de agua corriente, elevándose considerablemente las cifras en Perú y Bolivia, países en los que están desabastecidos el 41 % y el 56 %, respectivamente. La situación es más dramática si consideramos la eliminación de aguas residuales. Casi el 80 % de la población de La Paz no tiene servicio de alcantarillado, en todo caso más del 40 % de las poblaciones de las ciudades del resto de la América Andina carecen de servicio de eliminación de aguas residuales. Esta situación compromete seriamente la salubridad de los alojamientos y a la vez las vías fluviales y las capas freáticas, que aparecen profundamente contaminadas. En la eliminación de basuras, ciudades como Caracas, se encuentran en situación crítica; más del 30 % de la población carece de servicio de recogida de basuras. Incluso en las ciudades en que existe en su mayor parte esta recogida, su enorme hipertrofia está comprometiendo amplios espacios rurales del entorno que han sido convertidos en enormes vertederos. A pesar de los planes urbanos de abastecimiento, alcantarillado y saneamiento, la situación está aún muy lejos de ser medianamente satisfactoria. Por el contrario se han realizado notables avances en la prestación del servicio del alumbrado eléctrico; en Colombia y Venezuela prácticamente la totalidad de la población disfruta de él, mientras que Perú, Bolivia y Ecuador aparecen en este sentido más retrasados.

La infraestructura de comunicación y el transporte colectivo que comuniquen los diferentes barrios y hábitats espontáneos de estas dispersas y desarticuladas ciudades, es otro de los problemas vitales. Con el crecimiento de la ciudades los flujos generados en ciertas horas hacen que las congestión sea tan importante que es necesario la remodelación y la apertura de vías nuevas de comunicación, como el metro; incluso se ha llegado a prohibir la circulación de vehículos en el centro de algunos núcleos urbanos como el de Bogotá. En otros casos (Quito) se han construido vías de circunvalación que eviten la circulación por el centro urbano. De enorme importancia son las vías nuevas que van uniendo las "barriadas" de hábitat subespontáneo al resto del tejido urbano. La situación es que, en ciudades como Caracas, el crecimiento del parque de vehículos es excesivo en relación al volumen de población que utiliza este tipo de trasporte; por el contrario las deficiencias en el trasporte público son enormes si se relaciona con el número de viajeros que lo utilizan. Se ha acometido la construcción de diversas líneas de ferrocarril metropolitano, para poder hacer frente al problema; no obstante Caracas sigue siendo la ciudad más congestionada de toda América Andina; y su casco central está siempre colapsado. Aunque no tan críticas, el resto de las ciudades de la América Andina, en su sector central, presentan problemas importantes de congestión y tráfico, y todo su ámbito urbano acusa una escasa infraestructura de circulación.

En definitiva, las ciudades de la América Andina no están exentas de los problemas que aquejan a muchas de las ciudades del mundo occidental que han tenido rápido crecimiento; deficiente equipamiento e infraestructura urbanas, grave deterioro del medio-ambiente (contaminación), desarticulación de su espacio urbano, carencia de viviendas y deficiente calidad de vida de sus ciudadanos. Toda esta problemática, agravada por la rapidez del proceso de crecimiento producido en menor tiempo que en las ciudades de Europa occidental, y sobre todo por la falta de absorción de la mano de obra, en una economía urbana que presenta todas las lacras de una economía dependiente del exterior, claramente subdesarrollada.

CONCLUSIÓN

Los estados andinos conforman un amplio territorio ubicado en el Sur del continente americano, cuyos caracteres más peculiares vienen definidos por un medio natural protagonizado por la Gran Cordillera. Sus sociedades se han desarrollado de cara a la montaña, constituyendo uno de los ejemplos mundiales de humanización de un espacio que con frecuencia ha sido rechazado por el hombre. En ella florecieron antiguas culturas, sobre las que se estableció el nuevo modelo de colonización que, a pesar de ciertas transformaciones actuales, todavía perdurará en el momento presente.

Los Andes han marcado la impronta de una naturaleza constituida por paisajes diversos, fruto de una evolución geomorfológica compleja y de unas características climáticas muy diferentes. Las cumbres agrestes se oponen al altiplano, los valles angostos a los abiertos, los bosques densos propios de los trópicos lluviosos, a una vegetación específica de los dominios áridos; los contrastes más acentuados constituyen su principal rasgo. A su vez son origen de potencialidades muy heterogéneas que en ocasiones favorecen la actividad humana y en otros la dificultan, no en vano el hombre andino permanece muy adaptado a su medio y su capacidad de sobreimposición al mismo ha sido muy pequeña.

De hecho esta Naturaleza, su historia, y su momento presente, han sido elementos responsables de una situación actual muy poco halagüeña, que se define por un nivel de desarrollo muy bajo, formando parte, todo el conjunto, del mundo periférico con claras economías de países dependientes. Su ritmo de crecimiento es inferior al seguido por su población, originándose un desequilibrio importante, que se traduce en la presencia de bajos niveles de renta, en fuertes contingentes de marginados y en las existencias de unas condiciones de vida realmente precarias. El subdesarrollo es otro de sus características, reflejándose asimismo en el comportamiento demográfico y en la estructura de sus asentamientos. Así su crecimiento natural es muy fuerte, propio de unas tasa de natalidad y de fecundidad muy altas; sus índices de mortalidad infantil muy elevados; su desarrollo urbano muy pequeño, y aparece constituido por sistemas desarticulados y desequilibrados, en los cuales la capital de los respectivos estados, acusa una hipertrofia marcada.

Una riqueza natural y un potencial humano no han sido factores suficientes para impulsar el desarrollo de este espacio, que cada vez tropieza con mayores obstáculos, no en vano el fantasma de la deuda externa también está presente. España, que jugó un importante y trascendental papel en su Historia, debe también actuar en su caminar futuro, potenciando nuestra proyección humana, nuestros intercambios comerciales y conectando este espacio con una parte del mundo más desarrollado, caso de las Comunidades Europeas. Su aislamiento perjudicará a su evolución y sólo una relación definida por una cooperación efectiva, respetando las posiciones internas propias de cada Estado, ayudará paulatinamente a transformar un territorio y una sociedad escasamente evolucionados.

BIBLIOGRAFÍA

Birot, P.
1965: *Les formations végétales du globe.*
París. Sedes.
1970: *Les régions naturelles du globe.*
París. Masson.
Bromley, R.
1982: *South American development.*
Cambridge. Cambridge University Press.
Casas Torres, J. y M. y cols.
1979: *Geografía Descriptiva.* Madrid.
Emesa.
Castells, M.
1981: *Crisis urbana y cambio social.*
Madrid. Siglo XXI.
Cohen, S. B. edit.
1973: *Geografía y medio ambiente de
América.* México. Editores Asociados.
Collin Delavaud, Cl.
1973: *L'Amérique Latine. Approche
géographique génerale et régionale.* París.
Bordas.
Cunill, P.
1981: *La América Andina.* Barcelona. Ariel.

Dickenson, J. P. y cols.
1985: *Geografía del Tercer Mundo.*
Barcelona. Omega.
Elhai, H.
1968: *Biogéographie.* París. Armand
Colin.
Goruou, P.
1976: *L'Amérique tropicale et australe.*
París. Hachette.
Huetz de Lemps, A.
1970: *La végétation de la Terre.* París.
Masson.
Méndez, R. y Molinero, F.
1984: *Espacios y sociedades.
Introducción a la geografía regional del
mundo.* Barcelona. Ariel.
Robinson, R.
1978: *Latin America.*
Londres. McDonald and Evans.
Santos, M.
1973: *Geografía y economía urbana en
los países subdesarrollados.* Barcelona.
Oikos-Tau.